JOHN BUSACKER

Faça menos, seja mais

Geográfica
editora

Título original
do less, be more

This book was first published in the United States by Worthy Publishing, One Frankiln park, 6100 Tower Circle, Suite 210, Franlin, TN 37067, with the title *Do Less, Be More* by Jonh Busacker copyright © 2013.

Editor responsável
Marcos Simas

Supervisão editorial
Maria Fernanda Vigon

Tradução
José Fernando Cristófalo

Preparação de texto
Carlos Fernandes

Diagramação
Clara Simas

Revisão
João Rodrigues Ferreira
Carlos Buczynski
Nataniel dos Santos Gomes
Loen Schoffen

Capa
Wellington Carvalho

Todos os direitos desta obra pertencem à Geográfica Editora © 2019. Qualquer comentário ou dúvida sobre este produto escreva para: produtos@geografica.com.br

Todas as citações bíblicas foram extraídas da NVI, Nova Versão Internacional, da Sociedade Bíblica Internacional. Copyright © 2001, salvo indicação em contrário.

Esta obra foi impressa no Brasil com a qualidade de impressão e acabamento da Geográfica Serviços Gráficos.

Catalogação da publicação:

B976f	Busacker, John
	Faça menos, seja mais / John Busacker. Traduzido por José Fernando Cristófalo. – Santo André: Geográfica, 2018.
	176p.; 12x17cm.
	ISBN 978-85-8064-237-7
	Título original: Do less, be more.
	1. Comportamento humano. 2. Conduta de vida. 3. Preocupação. 4. Soluções de problemas. 5. Ansiedade. I. Título. II. Cristófalo, José Fernando.
	CDU 159.947.3

Catalogação na publicação: Leandro Augusto dos Santos Lima – CRB 10/1273

JOHN BUSACKER

Faça menos, seja mais

1ª Edição

Geográfica Editora
Santo André - SP - Brasil
2020

....

PARA CAROL

Minha melhor amiga, alma gêmea
e inabalável inspiração
para fazer menos e ser mais

....

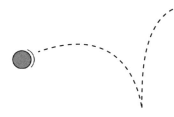

Quão focado você é?
Responda ao teste para descobrir.

Usando uma escala de 1 a 10 (sendo 1 para "de maneira alguma" e 10 como "totalmente satisfeito"), como você classificaria a si mesmo nestas seis importantes áreas da vida?

- Possuo um profundo senso de propósito. Sei aonde quero chegar na vida e por que faço o que faço.

- Minhas rotinas físicas atuais aumentam a minha energia e resiliência pessoal.

- Sou genuinamente otimista, mesmo em meio às más notícias e lutas da vida diária.

- Uso totalmente os dois lados do meu cérebro, tanto o analítico quanto o criativo.

- Invisto tempo na intimidade dos relacionamentos com amigos e familiares. Eles são uma prioridade.

- Estou trabalhando em uma área que envolve minhas paixões e forças.

Sumário

Introdução: *De mediano para assombroso, fazendo menos!*
Realmente viva cada dia — e ame isso! 17

CONSCIÊNCIA
Você está vivendo com propósito?

Capítulo um: Meça o seu valor
A sua vida vale muito mais que dinheiro 27

Capítulo dois: Compartilhe a sua história
A sua vida é um blog, não um livro 39

Capítulo três: Faça o que importa
Os seus valores determinam as suas escolhas 53

ALINHAMENTO
Como o que você possui e o que faz combinam com o que realmente quer da vida?

Capítulo quatro: Ocupe o seu espaço
O seu trabalho é um chamado 69

Capítulo cinco: Sonhe bem acordado
Os seus sonhos inspiram movimento 83

Capítulo seis: Deixe a bola cair
A sua vida é mais do que apenas aparecer 95

AÇÃO
Como mover-se rumo a um futuro emocionante?

Capítulo sete: Celebre os seus reveses
O seu envolvimento é abastecido pela falha 109

Capítulo oito: Permaneça em contato
Você é projetado para viver em comunidade 121

Capítulo nove: Desapegue
O seu engajamento é sustentado pela generosidade 133

Conclusão: FAÇA menos para SER mais
Você pode escolher viver com propósito 147

Pontos de foco 151

Valor de vida, escore de satisfação 161

Agradecimentos 163

Notas 165

Sobre o autor 171

INTRODUÇÃO

De mediano para assombroso, fazendo menos!

Realmente viva cada dia — e ame isso!

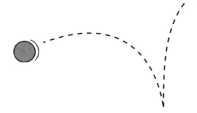

CONSCIÊNCIA

Você está vivendo com propósito?

CAPÍTULO UM

Meça o seu valor

A sua vida vale muito mais que dinheiro

Parecia um bom plano, à época.

Sete anos atrás, nossa família decidiu passar o recesso escolar da primavera na África, mais precisamente na Tanzânia. Certa noite, instalamo-nos em uma incrível choupana africana, nos limites do Parque Nacional do Serengueti. O plano era acordarmos na alvorada, dirigirmos em meio ao vasto parque nacional e ver quem estava devorando quem como café da manhã. Por volta do meio-dia, deveríamos chegar à entrada da Cratera de Ngorongoro, com a intenção de nos aventurarmos em seu interior, para testemunharmos a vida selvagem no período da tarde.

Claro que nada — em um safári africano — ocorre exatamente conforme o planejado. Choveu durante a noite, de maneira que as estradas rapidamente se transformaram em rotas encharcadas e escorregadias. Nosso guia, Moses, foi forçado a navegar com base em sua experiência, sem mapa ou GPS. Logo ficou claro que estávamos andando em círculos, sem qualquer avanço rumo a Ngorongoro. Sem desejar alarmar os demais, inclinei-me em direção ao guia, o mais discretamente possível, e sussurrei-lhe:

— Moses, nós estamos perdidos?

O que se seguiu foi um intenso diálogo entre Moses e Ramos, o motorista. Apesar de meu limitado vocabulário suaíli, mas observando a linguagem corporal e a urgência do tom verbal dos dois, tive a clara certeza de que aquelas não eram boas notícias!

Após cerca de um minuto, Moses se aprumou, olhou diretamente para Carol e revelou o veredicto:

— É possível que estejamos.

E agora?

Carol, que era enfermeira de UTI e valorizava tanto possuir quanto executar um plano organizado, começou a pressentir a iminência de nossa morte pelas bocas daqueles mesmos leões que testemunhamos saboreando uma gazela como desjejum. Eu sabia o que meu filho mais velho, Brett, estava pensando, apenas pelo brilho de seu olhar. Ele, que jamais se intimidara diante de uma queda de quinze metros e que genuinamente valorizava toda e qualquer aventura, em especial se incluísse algum risco, devia estar pensando: "Se sou o mais rápido neste carro, por que devo me preocupar?"

Diz-se que os humanos são os únicos animais que aceleram quando perdidos. Isso é especialmente verdadeiro em relação aos humanos americanos. Moses, nosso guia, fez exatamente o oposto. Ao invés de acelerar, ele decidiu parar totalmente, esperar por alguém que pudesse ajudar em nossa localização no Serengueti e, então, determinar um novo curso rumo ao nosso destino. Ele parou de FAZER a fim de SER encontrado.

O que nós precisávamos, naquele dia, na planície de Serengueti, era de um GPS, esse incrível dispositivo tecnológico. Utilizando a ampla perspectiva das três coordenadas — latitude, longitude e altitude —, um GPS pode identificar o seu carro entre os milhões de veículos existentes no planeta, definindo exatamente onde você está e, então, ajudá-lo a chegar ao destino desejado, tudo isso com uma voz suave e paciente. Se, porventura, você falha em seguir ou teima em ignorar as instruções dadas, o aparelho não vocifera algo como: "Seu retardado! Por que você nunca obedece?" Em vez disso, simplesmente diz: "Recalculando sua rota" e, calmamente, refaz o caminho. Isso, sim, é graça!

Assim, por que não aplicamos a mesma perspectiva e graça em nossa própria vida? Tendemos a zero em apenas uma coordenada — dinheiro — e, então, aumentamos a nossa velocidade a todo custo a fim de conseguir mais dinheiro ou os bens que esse dinheiro a mais pode comprar (como prestígio ou poder).

Sejamos honestos. Em geral, valorizamos nossas coisas acima de nossa saúde, relações pessoais, vitalidade espiritual ou da própria vida, não é verdade? Se você acha que não, dê uma rápida espreitada em sua agenda, agora mesmo! Aposto que você se surpreendeu um pouquinho, não?

Diz-se que os humanos são os únicos animais que aceleram quando perdidos. Isso é especialmente verdadeiro em relação aos humanos americanos.

Em geral, o nosso *GPS pessoal* fica confuso com extrema facilidade, em especial se estamos dispostos a permitir que uma mente focada na busca por benefícios financeiros nos leve a andar em círculos no deserto. Afinal, cremos que bens e encargos financeiros determinam a nossa saúde financeira e sucesso, não é mesmo?

O *valor líquido* — o que você possui menos o que você deve — tem sido, desde há muito, o sinal-chave de prosperidade e sucesso. Você é bem-sucedido? Está no caminho? Verifique a sua declaração de *patrimônio líquido*. Esse valor constitui, de fato, uma medida precisa de avaliar uma vida *totalmente focada* e bem-sucedida?

Uma vida abundante é aquela saudável, porém enganosa mescla de diversão, amizade, família, dinheiro, crescimento espiritual e contribuição.

A abundância origina o contentamento. Este, por sua vez, inspira a gratidão. A sua paz de mente bem como o senso de realização e júbilo são determinados por quão bem você gerencia muitas dimensões da vida, não apenas as suas finanças: coisas como relacionamentos íntimos, vida espiritual profunda, trabalho certo, boa saúde, uma comunidade vibrante, entretenimentos interessantes e um aprendizado constante, todos impactam o seu senso de engajamento com a vida.

Valor de vida é o investimento que você faz em todas essas dimensões e o retorno recebido delas. É um elemento tanto interno (um profundo senso de engajamento e realização) quanto externo (a capacidade de trazer alegria e valor duradouro a outros). E, como um GPS, é preciso mais do que uma coordenada para determinar a sua localização e direção.

Você pode estar *totalmente engajado* com pouco ou nenhum *valor líquido*. Eis o que quero dizer.

Valor líquido: O que você possui menos o que você deve.

Valor de vida: O investimento que você faz em todas essas dimensões e o retorno recebido delas.

Na primeira vez em que fui à Tanzânia, fiquei maravilhado pela alegria que as pessoas pareciam sentir, apesar de quase nada possuírem. Ponderei comigo mesmo se o fato de eles serem plenamente capazes de se conectarem com seus familiares e amigos não seria porque são livres das algemas da tirania do "possuir". Não é essa a razão, afinal de contas, de eles serem capazes de fazer, com alegria, o trabalho requerido para viver outro dia? Por que se sentem contentes, mesmo quando não têm certeza de onde virá a próxima refeição?

Após reflexão adicional, não pude evitar mais este pensamento: "E por que esse senso de júbilo está em grande falta em nosso rico mundo ocidental?"

A reflexão foi séria e... iluminadora.

O escritor e palestrante Os Guinness afirma: "O problema é que, como pessoas modernas, temos muito para viver *com* e pouco para viver *por*. Em meio à abundância material, temos pobreza espiritual."[1]

Resumindo, a riqueza material é medida pelo patrimônio ou valor líquido. Já a riqueza espiritual e o engajamento são expressos pelo valor de vida. Assim, permita-me perguntar-lhe: Qual é o valor da sua vida agora?

Muitas pessoas decidem que devem construir o seu *patrimônio líquido* primeiro, a fim de financiar e investir no *valor de vida* depois. No entanto, colocar a vida em modo de espera por mais um negócio comercial, outro projeto, um aumento salarial, uma esperada herança pela morte de um familiar ou pelo retorno de um investimento aprisiona a pessoa nas amarras do "ainda não é o bastante". Esse ardil pode, pouco a pouco, levar a hábitos de trabalho excessivo e ao egoísmo. O ponto central é sempre sobre o que vem *a seguir*, em vez do que vem *primeiro*.

Você se imagina caindo na armadilha de pensar: "Bem, eu estou apenas me mantendo. O que vem a seguir tem que ser algo melhor." Se for assim, você está correndo o sério risco de viver em círculos intermináveis, exaurindo-se no processo.

Não ceda a esse tipo de pensamento! Sonhos postergados podem se transformar em uma vida nula. Como bem expressou o jornalista e aclamado autor Po Bronson:

> O fato é que ter independência financeira para ir atrás dos sonhos raramente leva as pessoas a fazer isso. Acontece que ganhar dinheiro é uma tarefa tão árdua que isso acaba mudando a pessoa. Leva muito mais tempo do que o planejado; requer mais sacrifícios do que a princípio se imagina. A pessoa torna-se tão emocionalmente envolvida e psicologicamente adaptada a esse universo, que não aceita mais abrir mão dele.[2]

Sonhos postergados podem se transformar em uma vida nula.

FAZER *mais*, sempre, acaba nos levando a SER *menos* — menos amigo, menos mãe, menos parceiro, menos estudante ou menos filho. Sei disso porque vivenciei essa situação de modo pessoal. Investi catorze anos na área financeira, sentando-me à mesa com incontáveis pessoas, enquanto elas discutiam seus sonhos de vida e objetivos financeiros. O que me comovia eram as histórias de vida das pessoas com as quais me encontrava. Inseridos na discussão financeira, havia esperanças, sonhos, temores, arrependimentos, crenças e preconceitos de cada pessoa. Fazer as perguntas certas e, então, ouvir tanto com a mente quanto com o coração atingia o cerne da questão com a maioria delas. E *sempre* a discussão era sobre muito mais do que apenas dinheiro. Inevitavelmente, o significado prevalecia sobre o dinheiro. Assim, o *valor de vida* sempre excedia o *valor líquido*.

Não espere até ter a sua própria experiência de "perdido no Serengueti" — quer seja divórcio, morte, desemprego, um semestre desastroso ou um filho doente — para ampliar a sua perspectiva. Escolha fazer uma acurada leitura de seu *valor de vida* agora, a fim de investir equilibradamente em cada uma das dimensões-chave de sua vida. Para fazer isso, é necessário praticar a "perspectiva do salmão" — nadar rio acima, contra a impetuosa corrente, agindo de modo contrário. Porém, nada maravilhoso é obtido sem o devido empenho. De sua parte, requer-se comprometimento. Permita-me compartilhar algo com você. Vale a pena. A sua vida, pensamento e relacionamentos serão transformados.

Jesus sabia tudo a respeito de nossa inclinação natural de preocupar-se muito com o nosso exterior e pouco com o interior — ou seja, nossa tendência humana a viver uma vida controlada por nós mesmos. Eis por que o Senhor alertou os seus amigos mais íntimos:

> Não fiquem aflitos com a comida que terão de pôr à mesa ou se o guarda-roupa está fora de moda. Há muito mais coisas na vida que a comida que vai para o estômago! Há muito mais coisas para se ver que as roupas que vocês usam! Olhem para as aves, livres e desimpedidas: não estão presas a nenhum emprego e vivem despreocupadas, aos cuidados de Deus. *E vocês valem para ele muito mais que os passarinhos!*[3]

Ir rumo a uma vida *totalmente engajada* principia com um foco multicoordenado em seu *valor de vida*. Trata-se de uma percepção clara de que:

Relacionamentos importam mais do que qualquer coisa.
Saúde determina a qualidade de sua vida.
Trabalho dá voz ao seu talento.
Hobbies ocupam a sua energia além do trabalho.
Aprendizado tonifica a sua imaginação.
E a **fé** concede propósito a toda a sua vida.

Nada maravilhoso é obtido sem o devido empenho. De sua parte, requer-se comprometimento.

A fim de determinar o seu *valor de vida* atual, utilize a avaliação apresentada na página seguinte. Há dez dimensões de *valor de vida* envolvidas. A sua vida vale muito mais que dinheiro. A maneira como você vive confirma isso?

FAÇA *menos*. SEJA *mais*.

Quanto vale a sua vida?

Qual o seu grau de satisfação em cada dimensão de vida listada abaixo? Quão importante essas dimensões são para você? Avalie cada uma delas em uma escala de 1 a 5, em que 1 é baixa; 3 é média; e 5 é alta:

SAÚDE
Rotinas regulares saudáveis que promovem energia e vitalidade.   _____   _____

	Satisfação	Importância

APRENDIZADO
Pessoas e ambientes que estimulam o crescimento. _____ _____

FAMÍLIA
Interesse e envolvimento na vida dos demais familiares. _____ _____

TRABALHO
Envolve talentos e paixão. _____ _____

RELACIONAMENTO AMOROSO
Alinhamento com os valores e sonhos da pessoa amada. _____ _____

VIDA ESPIRITUAL
Senso de propósito, relacionamento com Deus e/ou serviço aos outros. _____ _____

AMIZADES
Número adequado e profundidade de relacionamentos. _____ _____

	Satisfação	Importância

COMUNIDADE
Residência em um local que atenda a interesses, relacionamentos e trabalho.

_____   _____

LAZER/SERVIÇOS VOLUNTÁRIOS
Envolvimento que expressa interesses e/ou desejo de servir.

_____   _____

FINANÇAS
Situação financeira organizada que resulta em confiança e alegria.

_____   _____

Para tabulação dos pontos, vá à página 161.

CAPÍTULO DOIS

Compartilhe a sua história

A sua vida é um blog, não um livro

George, o pai de meu amigo Paul, celebrou o seu centésimo aniversário jogando golfe com seus três filhos. Sua única concessão à elevada idade foi utilizar um carrinho, em vez de andar pelo campo, carregando os tacos. Semanas após o golfe centenário, ele renovou a assinatura do jornal local por dois anos, o tempo máximo permitido. A morte o surpreendeu seis meses depois. Em seus derradeiros momentos, ele comentou que sabia muito bem que morreria algum dia — porém jamais imaginara que isso ocorreria "tão rápido".

Cerca de um mês antes dessa perda, Paul refletiu sobre a história de seu pai. Apesar do relacionamento próximo que mantinham, meu amigo percebeu que, para ele, havia muitas lacunas e capítulos incompletos. Então, como um esforço para preencher esses espaços vazios na história de vida de seu pai, ele sentou e elaborou uma entrevista com 37 questões. Em seguida, dirigiu até a casa do pai, na esperança de encontrar respostas para aquelas questões. Após explicar seu propósito, Paul fez a primeira pergunta durante o almoço em um restaurante local.

George ajustou o seu aparelho auditivo. Paul repetiu a primeira pergunta. Houve um longo hiato, seguido por uma resposta descontínua que expressava mais desconforto que detalhes. Claramente, seu pai necessitava de tempo para uma reflexão nas perguntas, a fim de recordar os fatos e sentimentos sobre eventos significativos em sua centenária vida. Sendo assim, Paul decidiu digitar as 37 perguntas e enviá-las por correio ao seu pai, gentilmente encorajando-o a investir algum tempo a fim de responder a elas nos amplos espaços em branco. Eis algumas das coisas que Paul gostaria de saber de seu pai:

- Qual é a sua memória de infância mais prazerosa?
- Na adolescência, o que sua família fazia para se divertir?
- Quem foi seu (sua) melhor amigo(a) nos tempos de colégio — e como ele (ela) era?
- O que os dois costumavam fazer juntos?
- Descreva o momento em que você viu a mamãe pela primeira vez.
- Como era viver em um navio, em alto-mar, nos tempos da II Guerra Mundial?
- Você perdeu amigos durante a guerra?
- O que você fez nas primeiras semanas após voltar para casa?
- Qual foi a sua maior realização durante os vinte e sete anos como diretor de colégio?
- O que você faria diferente, se tivesse uma segunda chance?
- Quando você se sentiu mais feliz?
- E a maior tristeza, qual foi?
- Que conselho você pode dar aos que se aposentaram ou estão perto da aposentadoria?
- Que conselho daria para os jovens pais de hoje?

E a lista prosseguiu.

Paul planejava completar a entrevista quando retornasse de suas férias. Porém, o mês ocupado terminou com o problema de coração de seu pai, a breve hospitalização e o inesperado falecimento.

Após o funeral, a família reuniu-se no pequeno apartamento de George a fim de concluir as suas pendências e distribuir os itens de valor sentimental. Paul estava limpando a gaveta de seu pai quando encontrou o documento de quatro páginas, com o título *Algumas perguntas ao papai*.

Seu pai havia, sim, concluído a entrevista! Paul me disse: "Meus irmãos e eu conseguimos as respostas necessárias para preencher as lacunas e completar os capítulos na história de vida de meu pai. Sem dúvida alguma, a visão daquele documento completo, com suas respostas escritas à mão, iluminou aquela tarde, permeando-a com risadas e lágrimas motivadas pelas memórias de meu pai." Que incrível presente de despedida!

Suponha que alguém como Paul lhe apresentasse 37 perguntas sobre a sua vida. Você seria capaz de compartilhar a sua própria história?

- Qual foi o seu maior momento?
- E o maior temor?
- Como você conheceu o amor de sua vida?
- Quando você se sentiu mais feliz?
- E mais triste?
- Que conselho você daria aos seus filhos?
- E aos seus netos?

Cada um de nós possui uma grandiosa e inacabada história de vida. A sua própria narrativa entremeia a história de eventos passados, as experiências vitais do presente e os sonhos inspiradores do futuro.

Cada um de nós possui uma grandiosa e inacabada história de vida. A sua própria narrativa entremeia a história de eventos *passados*, as experiências vitais do *presente* e os sonhos inspiradores do *futuro*. Viver a sua história de vida — e não a de seu pai, sua mãe, seu parceiro, chefe, amigo ou irmãos — capacita você a FAZER *menos* e SER *mais* para si mesmo e para os outros.

O problema é que muitos se paralisam quando se trata de reviver ou verbalizar a própria história de vida. Talvez você seja uma dessas pessoas. Permita-me desarmar algumas defesas, a fim de que você possa relatar a sua história e desfrutar de uma vida focada aqui e agora.

"Minha vida é apenas uma história comum."

Em uma inesquecível cena do filme *Sociedade dos poetas mortos*, o personagem de Robin Williams utiliza a poesia visando a inspirar um grupo de jovens a começar a modelar as suas extraordinárias histórias de vida. Ele desperta a imaginação daqueles estudantes com estas palavras:

> Não lemos e escrevemos poesia porque é bonitinho. Lemos e escrevemos poesia porque somos membros da raça humana. E a raça humana está repleta de paixão. Medicina, advocacia, administração, engenharia são objetivos nobres e necessários para manter-se vivo. Mas poesia, beleza, romance, amor, estes são os que nos mantêm vivos.
>
> Citando Walt Whitman, poeta americano do século 19: "Ó meu eu! Ó vida! Das questões tão recorrentes, dos trens infinitos dos que não têm fé, das cidades cheias de tolos; o que há de bom em meio a tudo isso, ó meu eu? Ó vida? Resposta. 'Que tu estás aqui — que a vida existe e a identidade. Que a poderosa peça continua e tu podes contribuir com um verso'. Qual será o verso de vocês?

Não se trata de possuir uma história realmente grandiosa ou, mesmo, de mencionar toda a sua história. Trata-se da *sua* história — os eventos cruciais de *sua* vida que impactam o seu presente, porém não limitam o seu futuro. Se você deseja ser *totalmente engajado*, é vital conhecer a sua história de vida. Se almeja engajar outros como um pai, um líder, cônjuge ou amigo, compartilhe a sua história de vida.

Por mais notável que possa parecer, a sua história de vida não é composta para o seu próprio entretenimento. Ela foi designada para a apreciação e encorajamento dos outros. As experiências de vida singulares com as quais você tem sido abençoado constituem a perfeita sabedoria que vai inspirar alguém mais a agir. Contudo, você precisa contribuir com um único e notável verso — HOJE!

"Eu somente vou relatar os fatos, sem me ater a emoções ou impressões subjetivas."

Os fatos são formidáveis, porém eles não cativam ou transformam você ou qualquer outra pessoa. Somos envolvidos pela *informação* — sobrecarregados com dados, fatos e gráficos fornecidos por infinitos sistemas de pesquisa. Contudo, o que realmente ansiamos é por *sabedoria*, o conhecimento revelado pela narrativa.

> **As experiências de vida singulares com as quais você tem sido abençoado constituem a perfeita sabedoria que vai inspirar alguém mais a agir.**

Hoje em dia, com os vídeos, mensagens de texto, postagem em blogs e outras mídias sociais, nos transformamos em nossas próprias agências de notícias. No entanto, a era da informação em que vivemos aprofunda a nossa ânsia por história. É como o escritor Robert Dickman afirmou: "Uma história é um fato embrulhado em uma emoção que pode nos compelir a agir e assim transformar o mundo ao nosso redor."[4]

As grandes histórias são visuais e emocionais, provocando uma reação imediata e pessoal. Elas remetem você à ação, aceleram o seu pulso e animam a sua imaginação. As histórias são como você se recorda dos eventos formadores, adquirindo perspectiva vital e prosseguindo em tradições significativas. Você não pode permanecer como um passivo espectador em sua própria história! Ninguém pode. Contudo, você pode agir de modo seguro e, simplesmente, fornecer os fatos básicos. No entanto, é necessário envolver os fatos em emoção — o comentário colorido de toda a sua vida.

Lembro-me de estar dirigindo o carro, dois anos atrás, com meu pai ao lado. Subitamente, ele apontou para uma casa localizada no que é hoje a cidade de Milwaukee e disse: "Foi lá que eu cresci." Então, meu pai prosseguiu contando o resto da história. De modo inesperado, seu pai falecera quando ele tinha seis anos de idade. Um ano mais tarde, sua mãe perdeu aquela casa, sendo forçada a viver em um andar superior e aceitar hóspedes para ajudar no pagamento do aluguel. Minha avó jamais se casou novamente, possuiu outra casa ou obteve a sua carteira de motorista. Ela trabalhou arduamente durante toda a vida para honrar as suas contas. Assim, meu pai cresceu órfão e independente. Apenas esses poucos detalhes da história de meu pai transformaram a minha compreensão sobre a sua origem e como as circunstâncias de sua vida o modelaram como pai, marido, colega de trabalho e amigo.

Reter ou desmerecer a sua história é um ato de orgulho ou negligência. Oliver Wendell Holmes disse: "A maioria das pessoas desce ao túmulo com sua música ainda dentro delas." Morrer sem passar adiante a sua própria história é como incendiar a biblioteca da cidade, juntamente com seus arquivos históricos únicos.

As pessoas que convivem com você querem ouvir a sua história de vida. Então, compartilhe-a! Isso vai engajar você e transformá-las.

Krista Tippett, apresentadora do premiado programa de rádio americano *On being*, escreve:

> Existem algumas verdades que apenas equações matemáticas podem transmitir e outras que podem ser expressas somente por meio da poesia. Há, também, a sabedoria, que apenas a história pode capturar. As mais vívidas histórias pessoais possuem o maior alcance universal, elevando nosso sentido quanto aos outros e quanto à humanidade que compartilhamos.[5]

Saiba: As pessoas que convivem com você querem ouvir a sua história de vida. Então, compartilhe-a! Isso vai engajar você e transformá-las.

"Há partes da minha história que eu preferiria esquecer!"

Quando tinha quatro anos de idade, nosso filho Brett foi expulso do ônibus escolar por cuspir em outro menino. Carol ficou horrorizada! Quando ela me deu o relato detalhado da travessura de Brett, eu, pacientemente, escutei. Então, calmamente respondi:

— Bem, eu fiz a mesma coisa quando estava na escola. Na verdade, fui praticamente retirado do ônibus ano após ano, até o ensino médio, por atos similares, espontâneos e tolos.

Enquanto relembrava o meu passado, Carol respondeu, com um tom exasperado:

— Eu deveria ter verificado o seu histórico. Tivesse eu conhecimento de toda a sua história, quem sabe teria feito uma escolha de vida diferente!

Felizmente, a travessura infantil do Brett assim como as minhas próprias transformaram-se em uma sinuosa adolescência e, por fim, amadureceram em um sentido de missão adulta. Há esperança para todos nós!

É fundamental conhecer o seu passado, as suas raízes. Em geral, os valores e crenças são moldados em seus primeiros anos de formação. Porém, a sua história não determina o seu destino. O historiador David McCullough observa: "Ninguém viveu no passado, se você parar para pensar nisso."[6] Isso é muito importante, uma vez que muitas pessoas tentam exatamente o oposto — agarram-se tenazmente às glórias do passado ou se recusam a esquecer falhas passadas. O fato é que todos nós vivemos no presente.

Interessantemente, a única questão que o pai de Paul não respondeu foi esta: "O que você faria diferente, se tivesse uma segunda chance?" Paul considera que seu pai apenas pulou essa pergunta. Isso não significa que ele não tenha cometido erros; mas, apenas, que não tinha muitos arrependimentos. Ele viveu a sua vida plenamente e, simplesmente, não se detivera ou dera importância demasiada às falhas cometidas.

E você também pode. A boa notícia é que sua história é como um blog, não um livro. Novos capítulos são adicionados até o seu último suspiro. Porém, assim como um blog, você deve atualizar regularmente a sua história, ou o conteúdo perderá o caráter de novidade. Os blogs mais seguidos são aqueles atualizados constantemente, com conteúdo inspirador e provocativo.

Utilize as cinco questões a seguir para descobrir e articular a sua história de vida. O resultado pode ser maior engajamento e profundidade de comunicação com as pessoas mais importantes para você. Lembre-se: sua vida é um blog, não um livro. Você está escrevendo o próximo capítulo agora?

FAÇA *menos*. SEJA *mais*.

Qual é a história de sua vida?

Se você tivesse que me contar os principais eventos de sua vida em apenas três minutos, o que diria?

Use as cinco questões abaixo para descobrir e articular a sua História de Vida.

1 - Atitude

Qual é a sua atitude em relação à vida? Positiva ou negativa? Uma fonte de diversão ou temor? De onde se origina a sua atitude em relação à vida?

_____
_____
_____
_____

2 - Experiência

Quais são as suas mais antigas experiências de vida? As suas experiências mais memoráveis?

_____
_____
_____
_____

3 - Lições importantes

Se você estivesse vivendo os seus dias finais e quisesse compartilhar com a próxima geração as três lições mais importantes que aprendeu sobre a vida, quais seriam elas?

_____
_____
_____

4 - Objetivos

A vida não é um caminho reto do início ao fim, mas, pelo contrário, constitui uma série de transições, surpresas, desafios e objetivos. Que mudanças você aguarda em sua vida? (Exemplos: aposentadoria, casamento, pais idosos, filhos, formatura). Como você está se preparando para enfrentá-las?

_____
_____
_____
_____

5 - Compreensão

O quanto você compreende a si mesmo, bem como o tipo de vida que gostaria de seguir? Quais são os seus mentores?

_____
_____
_____
_____

CAPÍTULO TRÊS

Faça o que importa

*Os seus valores determinam
as suas escolhas*

O voo 1549, da US Airways, decolou do aeroporto LaGuardia, em Nova York, com destino a Charlotte, Carolina do Norte, às 15h26 do dia 15 de janeiro de 2009. Menos de um minuto depois, atravessou uma revoada de pássaros. Com os motores fora de serviço, o comandante Chesley "Sully" Sullenberger e o copiloto Jeff Skiles flutuaram sobre a megacidade de Nova York e lograram o primeiro bem-sucedido pouso de emergência de um voo comercial sobre as águas, deslizando a inoperante aeronave sobre o rio Hudson. Todos os 155 passageiros foram resgatados em segurança, enquanto o avião afundava lentamente em meio às ondas.

"Um milagre aconteceu na Rua 34. Agora, outro milagre ocorreu no Hudson", declarou o governador David Paterson.[7] Talvez tenha *sido* mesmo um milagre. Uma intervenção divina. Um fenômeno sobrenatural. Ou, quem sabe, a proeza tenha sido fruto dos valores do comandante Sullenberger, forjados pela tragédia, que o levaram a agir como se a vida de 155 pessoas valesse muito mais do que os 60 milhões de dólares daquela aeronave. Ele afirmou: "Falando francamente, acho que uma das razões pelas quais valorizei tanto a vida humana é o fato de meu pai ter tirado a dele."

Foi então que se começou a conhecer a trajetória do herói americano. Por causa da depressão, o pai de Sully cometeu suicídio em 1995.[8] A educação do comandante Sullenberger começara décadas antes do incidente. Ele se formou na Academia da Força Aérea dos Estados Unidos e pilotou aviões de guerra F-4. Doze de seus colegas morreram durante os exercícios de treinamento.

Enquanto sofria a dor daquelas perdas, Sully também aprendeu com os acidentes que vitimaram seus companheiros. Verificou que a causa mais comum da morte dos pilotos foi que eles esperaram tempo demasiado antes de ejetarem. Pode parecer loucura, mas eles teriam optado pelo risco demasiado para evitar sofrer os embaraços e questionamentos de voltarem à base sãos e salvos, mas sem as caríssimas aeronaves postas sob sua responsabilidade. Acredite — aqueles militares valorizaram mais escapar da humilhação do que manter a sua própria vida, projetando-se direto ao chão, à velocidade do som.

Com que frequência fazemos o mesmo? Claro, a maioria de nós não é piloto de avião — porém, agarramo-nos tenazmente ao trabalho em vez de buscar o equilíbrio, aferramo-nos à religião em lugar de relacionamentos reais, ou preferimos a rotina em detrimento de uma ação corajosa, até colidirmos com a realidade? Porém, esclarecer os nossos valores pode evitar a colisão e nos inspirar a uma vida *plenamente engajada*.

O que significa, afinal de contas, o termo *valores*? O dicionário define *valores* como "anseios profundos e crenças sobre os quais uma pessoa age consistentemente". Existem duas partes críticas e igualmente importantes nessa descrição. Os valores representam, por um lado, o que é importante para você — "anseios profundos e crenças". No entanto, para serem verdadeiramente valores centrais, deve haver um padrão de comportamento que os acompanha, ou seja, uma "ação consistente".

Pense nisso da seguinte maneira: Você já assistiu àqueles seriados de investigação? Todos os episódios seguem uma fórmula idêntica de sucesso. Nos primeiros minutos, algo ruim acontece — alguém cai de um edifício, aparece morto na praia ou é devorado por um tubarão. As cenas iniciais são sempre trágicas e, à medida que as temporadas se desenrolam, tornam-se cada vez mais exageradas. O tempo restante é dedicado a determinar se foi crime e, sendo assim, quem o cometeu.

Onde você gasta o seu tempo e investe o seu dinheiro é um indicativo de seus valores básicos. Tais valores determinam as suas escolhas. O que mostram as evidências? O que realmente importa para você?

Lá pela metade do episódio, um desafortunado suspeito é confrontado com uma montanha de evidências circunstanciais. Claro que ele declara total inocência. Nesse ponto crítico, os investigadores sempre dizem: "Então, você não se importaria em nos dar uma amostra de seu DNA." Em termos leigos, o DNA é a nossa digital genética exclusiva.

Da mesma forma, os seus valores constituem o *DNA* de suas escolhas. A evidência para "condenar" você por seus valores é revelada pelas duas mais importantes moedas correntes de sua vida — o seu tempo e o seu dinheiro. A prova disso encontra-se em sua agenda e no registro de sua movimentação financeira. Onde você gasta o seu tempo e investe o seu dinheiro é um indicativo de seus valores básicos. Tais valores determinam as suas escolhas. O que mostram as evidências? O que realmente importa para você?

Quando estamos sem foco, perdemos paixão e convicção. Permitimos que as circunstâncias, as demandas do trabalho ou mesmo que os nossos entes queridos determinem as nossas escolhas. Não assumimos uma posição porque não temos certeza do que realmente importa ou, mais provavelmente, não dispomos de coragem moral para nos posicionarmos e enfrentar a cobrança por uma escolha impopular ou potencialmente perigosa.

Manter-se firme aos próprios valores, quase sempre, exige coragem moral e eventual sacrifício. Bill George, ex-CEO e presidente da Medtronic, gigante da tecnologia médica, disse, certa vez:

> Os valores que formam a base de uma liderança autêntica derivam de suas crenças e convicções, mas você não saberá quais são os seus verdadeiros valores até que eles sejam testados sob pressão. Quando o seu sucesso, carreira ou mesmo a sua vida é colocada na balança, você aprende o que é mais importante, o que está preparado a sacrificar e que trocas está disposto a fazer.[9]

Os valores estão no coração de uma vida *totalmente*

engajada. O foco torna-se uma questão de integridade, de ser uma pessoa inteira. O dicionário define integridade como "a qualidade ou estado de estar completo ou não dividido". Isso é crítico. Quando você está vivendo com integridade, a sua vida é geradora de energia (em vez de drená-la), porque seus esforços fluem diretamente de seus valores básicos.

Se lhe falta integridade, você não está sendo tão efetivo quanto poderia em seu trabalho, em seus relacionamentos, na vida espiritual ou em sua saúde. A autoconfiança e o engajamento com os outros, com certeza, estarão ausentes. Você é menos que uma pessoa inteira.

Jesus falou, frequentemente, sobre viver em alinhamento com seus valores. Sobre a honestidade financeira, Cristo declarou:

> "Se você é honesto nas pequenas coisas,
> será honesto nas grandes coisas.
> Se você é desonesto nas pequenas coisas,
> será desonesto nas grandes coisas.
> Se você não é honesto em cargos menores,
> acha que alguém vai promovê-lo a gerente?
> Nenhum trabalhador serve a dois patrões:
> ele vai odiar o primeiro e amar o segundo,
> ou vai valorizar demais o primeiro e desprezar o segundo.
> Vocês não podem servir a Deus e ao dinheiro."
> Depois de ouvir isso, os fariseus, que eram obcecados por dinheiro, passaram a olhá-lo com desprezo, tratando-o como alguém indigno.[10]

Longe de estar fora da realidade, Jesus estava falando a verdade quanto ao poder do qual mais abusamos nesta vida. Enquanto o tempo é o nosso mais precioso recurso — já que não é possível produzir mais tempo —, o dinheiro é o bem que mais nos leva a agir contra os nossos valores e abusar do tempo.

A clareza quanto aos valores permite que você FAÇA *menos* e SEJA *mais*. Isso lhe dá poder para dizer "sim" ao que é realmente importante e "não" ao trivial, fútil e, então, ater-se às suas respostas. No entanto, tais escolhas, em geral, geram uma grande dose de estresse.

O bem-sucedido autor John Ortberg descreve a tensão desta forma:

> Vivemos na tensão entre o desejo por uma boa vida e o desejo por ser uma boa pessoa. Um lugar fascinante onde é possível ver essa tensão é abrir o jornal e comparar os anúncios com os obituários. Os anúncios nos dizem: "Eis como ter um cabelo bonito, dentes brilhantes, roupas atraentes, boa comida, bom sexo, carros incríveis e corpos perfeitos." Contudo, os obituários jamais trazem: "Ele tinha um cabelo bonito, dentes brilhantes, roupas atraentes, boa comida, bom sexo, carros incríveis e um corpo perfeito." Nós desejamos ser boas pessoas, porém estamos dispostos a abrir mão disso por uma boa vida. Queremos *ter* aquilo que é divulgado nos anúncios, mas *ser* o que é declarado nos obituários.[11]

A clareza de valores e uma convicção corajosa nos auxiliam a aliviar essa tensão. Contudo, aqui é que a coisa se complica. Não acordamos em determinada manhã e, simplesmente, decidimos: "Sim! Este é o dia que vou definir claramente os meus valores!"

> **A clareza de valores lhe dá poder para dizer "sim" ao que é importante e "não" ao trivial, fútil e, então, ater-se às suas respostas.**

Quase sempre, os valores são formados nas primeiras etapas da vida. Adquirimos nossos valores fundamentais de nossos pais, avós, mentores e das pessoas a quem temos como exemplo. A maioria de nossos valores de vida já está sedimentada quando alcançamos a adolescência. No entanto, se você perguntar às pessoas quais são os valores delas, receberá da maioria um olhar de paisagem.

"Nossos valores são tão intrínsecos à nossa vida e conduta", afirmam William Guth e Renato Tagiuri, "que, em geral, não temos consciência deles — ou, pelo menos, somos incapazes de pensar neles de modo claro e articulado. Não obstante, nossos valores, juntamente com outros fatores, claramente determinam as nossas escolhas."[12]

Os valores, via de regra, ficam sob um foco mais agudo em tempos de estresse. Tempos difíceis não somente trazem os nossos valores à tona, mas os destilam de suas próprias essências. Assim, se você quer saber realmente o que importa, apenas introduza alguma dose de estresse e, então, observe o que acontece!

Como alternativa à introdução de estresse real, utilize os Valores de Vida, descritos a seguir, a fim de descobrir os seus valores fundamentais. O resultado, se vivenciado de modo consistente, será uma vida de maior engajamento e plenitude.

Os seus valores determinam as suas escolhas. O que você vai escolher hoje?

FAÇA *menos*. SEJA *mais*.

Quais são os seus Valores de Vida?

Os seus valores servem como um alicerce vital para viver uma vida verdadeiramente focada. Siga os dois passos descritos neste inventário para descobrir a origem de seus valores, quais são eles e para identificar outros valores que, se praticados de modo mais consistente, lhe proporcionariam maior realização.

Passo um: De onde vieram os seus valores?
Identifique três pessoas que exerceram o mais profundo impacto em sua vida (pelo menos um fora de seu círculo familiar). Especificamente, que conselho, filosofia ou valor o impactou?

Nome _____
Valor_____

Nome _____
Valor_____

Nome _____
Valor_____

Agora, liste três livros, fitas, filmes, poemas, sermões ou provérbios que contribuíram para a formação de seus próprios valores. Que percepção permaneceu com você?

Fonte_____
Discernimento _____

Fonte _____
Discernimento_____

Fonte _____
Discernimento_____

Escreva três experiências que, profundamente, modelaram a direção de sua vida. Que valor você aprendeu com cada uma dessas experiências?

Experiência _____
Valor_____

Experiência _____
Valor_____

Experiência _____
Valor_____

Passo dois: Quais são os seus valores?
Tendo em mente as experiências e as pessoas importantes, selecione dez Valores de Vida, dentre a lista abaixo, que mais o influenciam e refletem como você realmente vive a sua vida. Ou, então, acrescente os seus próprios valores nas áreas "Outros". A seguir, faça um círculo ao redor dos cinco Valores de Vida cuja prática consistente você considera de suma importância em sua vida:

Valores de Vida

- Realização
- Aventura
- Equilíbrio
- Mudança
- Conectividade
- Empreendedorismo
- Elegância
- Tempo livre
- Imaginação
- Intelectualidade
- Humor
- Liderança
- Mentoria
- Participação
- Produtividade
- Exatidão
- Estética
- Beleza
- Contribuição
- Camaradagem
- Capacitação
- Fé
- Liberdade
- Inclusão
- Saúde
- Honestidade
- Lazer
- Cuidado
- Desempenho
- Poder

Responsabilidade
Personalidade
Estabilidade
Confiança
Outro:

Gratidão
Autenticidade
Caridade
Colaboração
Criatividade
Excelência
Felicidade familiar
Amizade
Integridade
Auxílio ao próximo
Alegria
Posição
Organização
Paz
Precisão
Arrojo
Serviço
Liberdade de tempo
Riqueza
Outro:

Renovação
Espiritualidade
Senso de equipe
Vitalidade
Outro:

Progresso
Autonomia
Desafio
Comunhão
Retidão
Animação
Foco
Crescimento
Independência
Auxílio à sociedade
Conhecimento
Lealdade
Parceria
Descontração
Reconhecimento
Segurança
Sucesso
Tradição
Sabedoria
Outro:

ALINHAMENTO

Como o que você possui e o que faz combinam com o que realmente quer da vida?

CAPÍTULO QUATRO

Ocupe o seu espaço

O seu trabalho é um chamado

A frase, estampada no para-choque do caminhão, é instigante: "Eu devo, eu devo, para o trabalho agora eu vou." Milhões de desempregados adorariam ter um trabalho para onde ir todos os dias, mesmo que fosse apenas para pagar as suas dívidas. Não obstante, estar *totalmente engajado* requer mais do que um emprego regular. Isso demanda uma obstinada busca da vocação.

Um emprego, por definição, é "um trabalho regular pago". Muitas pessoas trabalham apenas pelo dinheiro. O trabalho fornece o motor econômico para uma vida melhor. Anos atrás, meu amigo e parceiro de negócios, Richard Leider, escreveu que estava "perplexo pelo número de pessoas que trabalham arduamente para conseguir dinheiro rápido e ganhar a liberdade de *não* trabalhar".[13] O mantra que entoam parece ser "quando eu *tiver* o suficiente, *farei* o que realmente desejo e serei *feliz*".

O problema é que as pessoas nunca julgam "ter o suficiente". Tal busca é uma estrada sem fim, que jamais satisfaz o viajante. Poucas pessoas, especialmente na situação econômica atual, estão ganhando dinheiro fácil e rápido — se é que desfrutam da bênção de estarem trabalhando.

Você sabia que, na língua inglesa, a forma passiva da palavra referente a "trabalho" possui o significado de "ser traído"? Isso porque muitas pessoas trocam a incerta busca por suas paixões pela certeza de um pagamento regular, sentindo-se traídas quando perdem o emprego ou não sentem prazer naquilo que fazem.

A palavra "carreira", por sua vez, origina-se do termo francês *carrier*, significando "rota de corrida", e da palavra latina *carrus*, que designa "veículos de rodas". Para muitos, a carreira resume-se apenas a isso: uma interminável série de voltas, a velocidades sempre crescentes, em torno de um circuito fechado. "Se você está apenas perseguindo o coelho na jornada, não está rumando a algo significativo."[14]

Nunca julgue "ter o suficiente"

Uma carreira também pode tornar-se um círculo destrutivo, com a diferença de que a volta é mais longa e a velocidade, maior. A cada semana, o noticiário noturno da rede NBC é encerrado com uma matéria inspiradora, intitulada *Fazendo a diferença*. Durante a comovente e trágica onda de notícias decorrentes do terremoto no Haiti, em 2011, essa matéria apresentou o trabalho de Basil Jackson, um psicólogo infantil, de 78 anos, residente em Milwaukee, Wisconsin (EUA). Trabalhando sob as mais terríveis circunstâncias, o doutor Jackson usou o seu dom de cura e sua paixão para impactar incontáveis crianças pobres no Centro Traumatológico de Porto Príncipe. Sua atividade não se tratava de um trabalho e tampouco de uma carreira; antes, era um sublime chamado.

Jackson descreveu a si mesmo como um velho homem dotado de uma profunda fé. Porém, ele acrescentou: "A fé não conta a não ser que você faça algo sobre isso em seu comportamento e ações." Ele estava *totalmente engajado* e via o seu trabalho crescendo sob as mais terríveis circunstâncias.

John Ortberg descreve esse tipo de florescimento como "a alegria que experimento quando meu nível de desafios alcança o nível de meus dons e não sou consumido pelo enfado ou pela ansiedade, mas simplesmente pela graça".[15] Ouvir o seu chamado e, mais importante que isso, responder a esse chamado por meio de uma ação corajosa e obediente é viver, verdadeiramente, em graça.

O aclamado autor Po Bronson passou dois anos entrevistando 900 pessoas com uma simples, porém provocativa, questão: "O que devo fazer da minha vida?" As entrevistas envolveram pessoas de todas as classes, idades e profissões, sendo conduzidas imediatamente após a última recessão nos Estados Unidos. As respostas de setenta entrevistados foram publicadas em seu livro de igual título. Uma das surpreendentes conclusões a que Bronson chegou foi esta:

> Estou convencido de que o sucesso profissional no futuro começa com a pergunta: "O que devo fazer da minha vida?" As pessoas prosperam quando se concentram na questão de quem realmente são e se associam a um trabalho que realmente amam (e, ao fazerem isso, colocam em ação um poder produtivo e criativo que jamais imaginaram).[16]

Como você responderia a essa provocativa pergunta de Po? Tem certeza de que está fazendo o que deveria fazer com a sua vida? A sua resposta terá um significante impacto em seu engajamento pessoal e, por fim, em seu senso de realização. Em termos de marketing, diz-se que uma marca duradoura e robusta, especialmente em tempos de crise econômica, é aquela que está "ocupando plenamente o seu espaço". E quanto à sua vida? Você está ocupando totalmente o seu espaço em seu trabalho? A sua marca é duradoura, até mesmo distinta, mesmo com o mercado em baixa? A chave para alcançar o espaço máximo é estar engajado na ocupação certa, conectada ao seu *chamado*. Trabalhar com um senso de *vocação* é responder àquela questão — "O que devo fazer da minha vida?" — com uma retumbante afirmação: "Exatamente o que estou fazendo agora!" Fazendo apenas isso e nada mais. Pessoas vocacionadas raramente são comprometidas em excesso.

Em seu clássico romance intitulado *A fazenda africana*, Isak Dinesen fornece uma tocante descrição desse sentimento vocacional: "Lá, naquelas altitudes, respirava-se com facilidade, inalando segurança vital e leveza de coração. Nos altiplanos, acordava-se de manhã e pensava-se: 'Aqui estou, onde devia estar.'"[17]

A *vocação* é a poderosa interseção da paixão com as habilidades motivadas. A sua paixão induz a emoções poderosas e, autenticamente, concentra a sua mais profunda atenção — até o ponto de você perder a noção do tempo ("Nossa! Já é hora do almoço! Você deve estar brincando").

O trabalho feito com paixão é aquele que você ama fazer, para o qual está sempre motivado. Ele intensifica o seu sentido de valor perante os outros e aumenta a sua satisfação.

Pessoas vocacionadas raramente são comprometidas em excesso.

As suas atividades elogiadas pelos outros são, em geral, estimuladas por suas habilidades. Estas, quando motivadas, refletem o que você realmente é. Quando você trabalha em doce comunhão com sua paixão e com suas habilidades motivadas, a sua tendência é entregar um grande serviço e um valor incomum. Construir e focar o seu trabalho no coração de sua *vocação* é totalmente *ocupar o seu espaço*.

Eu amo esta eterna receita do apóstolo Paulo para descobrir a sua *vocação*:

> Cada um examine com cuidado a si mesmo e a maneira segundo a qual está cumprindo a missão que recebeu e dedique atenção total a ela. Não fiquem admirando a vocês mesmos nem se comparando com os outros. Cada um precisa assumir o compromisso de fazer o melhor que puder com sua vida.[18]

Vamos, juntos, examinar em detalhes o caminho sugerido pelo apóstolo para você ocupar plenamente o seu espaço.

Cada um examine com cuidado a si mesmo...

Cada um de nós é dotado de capacidades, o padrão singular de dons, talentos e habilidades naturais forjado por meio de nossa educação, vida e experiências profissionais. A *vocação* principia com o conhecimento de quem você é e como está equipado para contribuir.

... e a maneira segundo a qual está cumprindo a missão que recebeu.

Igualmente, cada um de nós possui uma vocação única, um lugar onde podemos conferir uma voz poderosa às nossas capacidades. Onde é este lugar? Frederick Buechner define *vocação* assim: "O lugar ao qual Deus o chama é o lugar onde a sua mais profunda alegria e a mais profunda ânsia do mundo se encontram."[19]

Dedique atenção total a ela.

Ocupe totalmente o seu espaço! Foque, intencionalmente, em seus dons.

Não fiquem admirando a vocês mesmos...

Após ter feito, talvez, o mais importante discurso de minha carreira, uma boa amiga me alertou com estas palavras: "Guarde o seu coração hoje. Não deixe que o orgulho entre. Lembre-se da distância entre o quão bom você é nisso e quão grande isso foi!" Excelente conselho! O dia seguinte a um grande feito é o dia mais perigoso. Podemos facilmente nos enganar, crendo que tudo foi obra nossa.

... nem se comparando com os outros.

Vocação é um trabalho interior. Pessoas vocacionadas trabalham a partir de um lugar de integridade dentro delas mesmas, em seu coração. O grande saxofonista de jazz Charlie Parker afirmou: "Se não está em seu coração, não está em seu instrumento." Não se trata de comparar-se com os outros, mas de conhecer e, então, verbalizar as suas forças motivadas. Coloque em seu instrumento o que está em seu coração. Esqueça o que os outros dizem!

Cada um precisa assumir o compromisso de fazer o melhor que puder com sua vida.

São Francisco de Sales escreveu: "Deus requer cuidadosa diligência no trabalho mais insignificante que devemos executar, em vez da mais ardente aspiração de realizar coisas para as quais não fomos chamados."[20]

Cada um de nós possui uma *vocação*. A maioria não experimenta uma epifania ou a recebe de um escritor cósmico, ouvimos um débil sussurro, sentimos um anseio, um puxão. As habilidades fornecem a direção enquanto a paixão nos supre do combustível para perseverarmos. Porém, quando tal anseio surge, você precisa agir com ousadia e partir em direção ao chamado.

FAÇA *menos* tarefas ou trabalhos periféricos para SER *mais* aquilo para o qual você foi singularmente chamado para ser.

Use o exercício dos *Cartões Vocacionais*®, apresentado a seguir, como uma simples, porém elegante, maneira de determinar a intersecção de sua paixão com seus dons e talentos. Os resultados podem mostrar-lhe como fortalecer o seu trabalho e gerenciar o seu tempo e energia de modo eficaz a fim de experimentar maior engajamento e plenitude.

> **Não se trata de comparar-se com os outros, mas de conhecer e, então, verbalizar as suas forças motivadas.**

O seu trabalho constitui uma *vocação*. Você está expressando os seus talentos de forma passional?

FAÇA *menos*. SEJA *mais*.

Cartões Vocacionais®

O uso deste exercício auxilia você a nomear a sua *vocação* — a interseção de sua paixão e talentos — e, como resultado, trabalhar com maior foco e satisfação. Os cartões são organizados em seis ambientes, chamados de Tipologia de Holland. Para determinar a sua *vocação*, use os três passos seguintes.

Lista de Cartões Vocacionais

Artístico

Realizar eventos

Criar coisas

Escrever coisas

Ver o grande quadro

Compor temas

Ver possibilidades

Desenhar coisas

Quebrar moldes

Acrescentar humor

Realista

Praticar atividades físicas

Resolver problemas

Amadurecer coisas

Modelar os ambientes

Fazer as coisas funcionarem

Consertar coisas

Construir coisas

Empreendedor
Fazer acordos
Iniciar coisas
Capacitar outros
Gerenciar
Vender intangíveis
Extrair o potencial
Abrir portas
Explorar o caminho
Convencer pessoas

Social
Curar feridas
Promover participação
Solucionar disputas
Instruir pessoas
Cuidar
Construir relacionamentos
Ajudar na superação de obstáculos
Criar diálogo
Criar confiança
Trazer alegria
Despertar o espírito
Facilitar mudanças

Convencional
Endireitar as coisas
Trabalhar com números
Processar coisas
Operar coisas
Corrigir coisas
Organizar coisas

Investigativo
Analisar informações
Traduzir coisas
Unir os pedaços
Fazer conexões
Investigar coisas
Chegar ao cerne das questões
Pesquisar coisas
Descobrir recursos
Avançar ideias

Passo um

Verifique as listas e responda à seguinte pergunta: *Isto é algo pelo qual sou verdadeiramente apaixonado?* Risque quaisquer ocupações que não motivem nem inspirem você.

Passo dois

Concentrando-se apenas nas ocupações que não foram riscadas, responda a esta segunda pergunta: *Isto é algo no qual sou verdadeiramente talentoso?* Circule as alternativas que reflitam os seus talentos naturais.

Passo três

Dentre as opções assinaladas com um círculo, escolha cinco nas quais você se considera mais forte e escreva-as em ordem decrescente, sendo o primeiro item o que melhor descreve a sua vocação, ou seja, o que melhor descreve os seus talentos e paixão.

- _____
- _____
- _____
- _____
- _____

Práticas *vocacionais:* Responda às seguintes perguntas: *Qual é o meu cartão vocacional principal? Como posso focar o meu tempo e trabalho a fim de fazer o melhor uso de minha vocação? Com quem devo estabelecer uma parceria a fim de focar mais energia em minha vocação?*

Para aprender mais ou fazer pedidos dos Cartões Vocacionais® ao Inventure Group, acesse www.inventuregroup.com.

CAPÍTULO CINCO

Sonhe bem acordado

Os seus sonhos inspiram movimento

Como ocorre com a maioria dos adolescentes, não faltavam sonhos a John Goddard. O que o distingue dos demais é que, durante uma tarde chuvosa, ele sentou-se à mesa da cozinha e listou todos os 127 sonhos que tinha — e, então, prosseguiu pela geração seguinte, a fim de cumprir 109 sonhos de sua lista original.

A lista de Goddard não era nada comum. Ele previu escalar os picos mais elevados do mundo; explorar os mais longos rios do planeta, da nascente até a foz; andar por trilhas em cada continente; pilotar variadas aeronaves; buscar as raízes de sua família — e, até mesmo, acender um fósforo com um rifle!

"Quando tinha quinze anos", contou ele ao repórter da revista *Life*, "todos os adultos que eu conhecia pareciam reclamar: 'Ah, se eu tivesse feito apenas isso ou aquilo quando era mais jovem...' Eles deixaram a vida passar. Eu tinha certeza de que, se me planejasse para isso, poderia ter uma vida excitante, divertida e de muito conhecimento."[21] O desejo de Goddard era ter uma vida sem arrependimentos.

Os sonhos inflamam nosso espírito de existência. Eles são vitais para a nossa saúde física, mental e espiritual. Sem eles, perdemos a nossa conexão com o passado e a nossa esperança quanto ao futuro. Os sonhos são o combustível que conduz a uma vida *focada*. Quando alinhados com valores, os sonhos podem reacender a paixão e fornecer a necessária inspiração para prosperar em qualquer estágio ou circunstância da vida.

Quando estava no segundo ano do ensino médio, Brett, nosso filho mais velho, foi solicitado a criar uma lista "50:50", ou seja, cinquenta coisas que ele gostaria de fazer antes dos 50 anos. Como você pode imaginar, a mente de um adolescente de dezesseis anos pode sonhar com algumas ideias incríveis. No entanto, com o passar do tempo, isso se parece menos com uma fantasia da adolescência e mais com uma impressão da sua vida, rica em ideias por propósitos passionais.

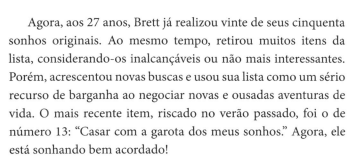

> *Quando alinhados com valores, os sonhos podem reacender a paixão e fornecer a necessária inspiração para prosperar em qualquer estágio ou circunstância da vida.*

Agora, aos 27 anos, Brett já realizou vinte de seus cinquenta sonhos originais. Ao mesmo tempo, retirou muitos itens da lista, considerando-os inalcançáveis ou não mais interessantes. Porém, acrescentou novas buscas e usou sua lista como um sério recurso de barganha ao negociar novas e ousadas aventuras de vida. O mais recente item, riscado no verão passado, foi o de número 13: "Casar com a garota dos meus sonhos." Agora, ele está sonhando bem acordado!

Você deve estar pensando algo como: "Elaborar seriamente

uma lista de sonhos não está em desacordo com o título deste livro — FAÇA *menos*, SEJA *mais*?" Se essa atividade parecer uma suspeita prescrição para fazer mais ou, pelo menos, sentir o autoimposto fardo de tentar experiências complexas em vez de focar intencionalmente naquilo que realmente está conectado à sua paixão, talentos e senso vocacional neste mundo, por favor, tenha um pouco mais de paciência comigo.

Você pode ler sobre a maior preparação para a suprema lista 50:50 no encontro entre o recém-empossado rei de Israel e Deus. O Senhor dirige-se a Salomão *em um sonho*, com uma oferta aberta: "Peça-me o que quiser, e eu darei a você."[22] Em outras palavras, era como se Deus dissesse: "Sonhe alto. O *talão de cheques* celestial está aberto e o calendário divino, vazio. Então, Salomão, o que há em sua lista? Nenhum pedido é exagerado demais." O que você responderia?

Qual foi a resposta de Salomão? "Dá-me um *coração compreensivo* para conduzir o teu povo, para que eu possa entender bem a diferença entre o bem e o mal."[23] Que resposta! Nenhuma aventura épica às montanhas da Nova Zelândia? Nenhum salto de paraquedas a 20 mil metros de altura? Nada de ingressos na primeira fila do show de Eric Clapton no Royal Albert Hall? Nem mesmo um bilhete de loteria premiado? Nada disso. "Apenas" sabedoria, pediu aquele que estava para assumir o trono de Israel. Como resultado, Deus concede sabedoria a Salomão, mas também riquezas, glória e uma vida longa.

Aqui está a radical distância entre encorajamentos motivacionais mais efusivos e um grande sonho: Permita que a paixão e um senso de propósito sejam o ponto central de seus sonhos, não apenas uma busca egoísta. John Ortberg nos sugere "perseguir um sonho produzido por um fardo".[24]

O filantropo e empresário americano Blake Mycoskie já nasceu com o dom do empreendedorismo. Com dezenove anos, ele iniciou um serviço de lavanderia a domicílio, quando ainda era estudante da Universidade Metodista Meridional, no Texas (EUA). A seguir, ele estabeleceu uma agência de propaganda, um reality show na televisão e uma bem-sucedida escola de formação de motoristas para adolescentes pela internet. Parecia que estava realizando um item após o outro de sua lista 50:50. Porém, quando tinha 29 anos de idade, a visão das feridas em crianças descalças na Argentina gerou nele um novo anseio. Blake lançou a TOMS Shoes, cujo nome derivou do lema original da campanha, *Shoes for Tomorrow* (Sapatos para o amanhã), como uma resposta ao peso em seu coração e à clara necessidade social que viu. A viagem para a Argentina atuou como o catalisador para a natural interseção de seu talento empreendedor e a paixão em fazer diferença no mundo.

Desde setembro de 2010, a TOMS Shoes tem entregado mais de um milhão de pares de novos calçados infantis em 25 países mediante o seu movimento *One for One* (Um por um), ou seja, para cada par de sapatos vendido pela TOMS, a empresa doa outro para uma criança necessitada. O sonho de Blake, nascido de um peso em seu coração, é uma bênção para incontáveis crianças em todo o mundo.

> "O que você pode planejar é muito pequeno para viver."
> — DAVID WHYTE, autor do livro *Cruzando o desconhecido — O verdadeiro sentido do trabalho e da vida*

Eugene e Minhee Cho, com seus três jovens filhos, constituem uma família considerada "comum, de classe média", em Seattle, nos EUA. Eles cresceram conhecendo todas as estatísticas sobre o abismo entre ricos e pobres no mundo:

- Aproximadamente 2,7 bilhões de pessoas vivem com menos de US$ 2 (cerca de 7 reais) por dia.
- Cerca de 9,2 milhões de crianças com idade inferior a cinco anos morrem a cada ano, vitimadas por doenças evitáveis — o equivalente a 25 mil mortes por dia.
- Dois bilhões e meio de pessoas não vivem em condições sanitárias adequadas e cerca de 900 milhões não possuem acesso a água potável.
- Setenta e cinco milhões de pessoas não têm acesso à educação.
- Aproximadamente 11,5 mil pessoas morrem diariamente vitimadas por enfermidades como Aids, tuberculose e malária.

Contudo, foram as viagens a regiões paupérrimas no Sudeste da Ásia, África e América Central, testemunhando com seus próprios olhos o que mostram as estatísticas, que transformaram a família de Cho. Não foi simplesmente a pobreza extrema e opressora que os comoveu, mas, também, a esperança e a coragem das pessoas que, mesmo vivendo em tais circunstâncias, agiram para remover a si mesmas daquelas condições.

Essas realidades e as incríveis histórias de coragem e esperança compeliram Cho a tomar uma radical decisão em 2009: a criação da ONG *One Day's Wages* (Salário de um dia).[25] Eles doaram a sua renda de 2009 (cerca de 68 mil dólares) à causa de combate à pobreza global extrema, como uma declaração pública de que estavam depositando seu dinheiro onde o sonho deles está. Com isso, queriam encorajar familiares, amigos e o resto do mundo a doar o valor correspondente a um dia de salário — cerca de 0,4% da renda anual — para combater os danos causados pela pobreza global extrema.

E quanto a você? Quais são os seus sonhos? Às vezes, nossa capacidade de sonhar é diminuída pelas circunstâncias da vida. Viver é a arte do improviso. Devemos construir nossa vida à medida que prosseguimos. Se não sonhamos alto, estamos nos arriscando a morrer pequenos. Os seus sonhos são a inspiração para o movimento. "Não obstante, em algum lugar do caminho, a maioria de nós deixa de viver de imaginação e começa a viver de memórias. No lugar de criar o futuro, começamos a repetir o passado."[26]

Viver a vida é a arte do improviso. Devemos construí-la à medida que seguimos. Se não sonhamos grande, estamos arriscados a morrer pequenos.

Helen Keller — escritora americana que foi a primeira pessoa deficiente auditiva e visual a obter um diploma de universidade — observou que "a pessoa mais patética do mundo é aquela que enxerga, mas não tem visão". Com frequência, somos enredados na tirania do urgente ou na ilusão do impossível. Como resultado, restringimos nossos sonhos ao período noturno e, então, vivemos como sonâmbulos durante o dia. Tornamo-nos não apenas sonolentos, mas igualmente privados de sonhos.

Como você adquire um par de olhos novinho em folha para ver e um novo coração para sentir o peso de um sonho nobre? Eu voo cerca de 160 mil quilômetros por ano a negócios. Por muitos anos, sempre preferi viajar no assento do corredor com maior espaço para as pernas e um rápido acesso às portas ao final do voo. Raramente escolhia o assento à janela, porque achava que já tinha visto tudo o que havia para se ver. Denver era igual a Mineápolis, que lembrava São Francisco e Nova York. Tudo parecia igual a dez mil metros de altura! Então, recentemente, sentei-me ao lado de uma garotinha e sua mãe, durante um curto voo noturno a Chicago. Não pude deixar de ouvir as suas entusiasmadas exclamações: "Mamãe, olhe aquilo!", dizia ela, enquanto descíamos em meio à névoa cinzenta rumo às cintilantes luzes abaixo.

Possuir um par de olhos novos, não obscurecido pela passagem do tempo e pelos impactos da vida, é crucial para ver as chagas do mundo que apenas nossos sonhos podem aliviar. Desde então, mudei a minha escolha de assento do corredor para a janela e me preocupo muito menos em ser um dos primeiros a descer do avião após o pouso.

Tempos incertos podem obstruir o pensamento e estimular a cautela no viver. Assim, apesar dos tempos atuais, devemos sonhar de olhos bem abertos, ancorando os nossos sonhos em um peso que podemos ver e sentir.

Use o exercício apresentado a seguir como um modelo para forjar os seus Sonhos de Vida. Você não tem nada a perder e tudo a ganhar: uma vida revigorada e focada!

Os seus sonhos inspiram movimento. O que está efervescendo em seu coração hoje?

FAÇA *menos*. SEJA *mais*.

Que sonhos você tem para a sua vida?

Utilize os seguintes exemplos para alimentar a sua imaginação:

Saúde

- ☐ Manter refeições regulares com a família.
- ☐ Correr uma maratona por uma causa social.
- ☐ Matricular-se em uma academia de ginástica.
- ☐ _____
- ☐ _____

Amizades

- ☐ Realizar uma aventura anual com os amigos.
- ☐ Levar um amigo para um café da manhã semanal.
- ☐ Restabelecer contato com antigos colegas da escola.
- ☐ _____
- ☐ _____

Família

- ☐ Viajar com os pais.
- ☐ Planejar uma reunião de família.

Voluntariado/Passatempos

- ☐ "Adotar" um morador de rua.
- ☐ Oferecer-se como mentor.

- ❐ Reconciliar-se com os irmãos.
- ❐ _____
- ❐ _____

Relacionamento amoroso

- ❐ Sair regularmente para namorar.
- ❐ Planejar o aniversário de casamento.
- ❐ Acompanhar o cônjuge em seu passatempo favorito.
- ❐ _____
- ❐ _____

Aprendizado

- ❐ Ler três jornais/publicações por dia.
- ❐ Aprender outro idioma.

- ❐ Realizar uma viagem missionária de curta duração.
- ❐ _____
- ❐ _____

Vida espiritual

- ❐ Ler toda a Bíblia.
- ❐ Encontrar um mentor espiritual.
- ❐ Meditar diariamente.
- ❐ _____
- ❐ _____

Comunidade

- ❐ Treinar uma equipe juvenil.
- ❐ Ajudar na limpeza da vizinhança.

- ☐ Manter registro regular das experiências.
- ☐ _____
- ☐ _____

- ☐ Cultivar uma horta de vegetais.
- ☐ _____
- ☐ _____

Trabalho

- ☐ Trabalhar no exterior.
- ☐ Encontrar um mentor.
- ☐ Descobrir a minha vocação.
- ☐ _____
- ☐ _____

Finanças

- ☐ Obter um plano de aposentadoria realista.
- ☐ Financiar uma clínica em uma região pobre.
- ☐ Organizar minhas finanças/documentos oficiais.
- ☐ _____
- ☐ _____

CAPÍTULO SEIS

Deixe a bola cair

A sua vida é mais do que apenas aparecer

Muitos anos atrás, eu estava mediando um programa de liderança para um grupo de executivos americanos em Xangai, na China. Ao terceiro dia, toda a classe ainda estava sob efeito do fuso horário, de modo que decidi tentar um experimento para estimular a nossa enfraquecida energia e despertar as sinapses cerebrais na manhã do dia seguinte.

Estávamos hospedados em um hotel localizado em frente à Praça do Povo, um belo cenário urbano, no centro de Xangai, repleto de monumentos, jardins, passarelas e pequenos lagos. A cada amanhecer, a praça despertava para a vida! Centenas de pessoas caminhavam, outras praticavam o milenar tai chi chuan. Havia quem passasse o tempo jogando tênis de mesa, empinando pipas, pescando ou, simplesmente, conversando despreocupadamente. Minha ingênua ideia era que todos os líderes realizassem uma caminhada silenciosa de 30 a 45 minutos pelo parque, observando as pessoas e os arredores naquele período e, então, reportassem o que viram, ouviram e sentiram.

A palavra de ordem, ali, era *observar*. Quase todos saíram do elevador completamente imersos na "oração ao celular", enquanto se preparavam para a caminhada silenciosa, cujo objetivo era aumentar a consciência e senso de observação deles. Permaneci junto à porta com uma sacola à mão, para coletar o onipresente arsenal tecnológico daqueles executivos, antes de iniciarem a caminhada pela Praça do Povo de Xangai. Fui confrontado com olhares de aborrecimento, impaciência e, até, certa ira! "Você quer que eu caminhe em silêncio, sem o meu smartphone, por trinta minutos? Perdeu o juízo? E se o pessoal do escritório precisar de mim?"

Seria cômico, se o caso não fosse típico de uma triste realidade. Como muitos no mundo atual, aqueles líderes não conseguiam sequer se imaginar desconectados, mesmo por trinta minutos, dos tentáculos tecnológicos. O falecido romancista americano David Foster Wallace contou a história de dois jovens peixes nadando juntos, quando outro peixe, mais velho e sábio, os ultrapassa e pergunta: "Como está a água?" Os dois jovens peixes continuam nadando até que um olha para o outro e pergunta: "O que é água?"[27]

Vivemos tão ocupados, distraídos, sobrecarregados e emocionalmente ausentes que nem mesmo reconhecemos a água na qual estamos nadando. Apenas acreditamos na mentira de que "as coisas são do jeito que são — ou têm que ser — para prosseguirmos". Cremos que quanto mais ocupados, melhor, ou certamente necessário. A água na qual estamos imersos está repleta de presunções nocivas:

- *Segurança* (crianças ocupadas são crianças seguras).
- *Progresso* (vidas ocupadas dão uma melhor impressão no trabalho e nas escolas).
- *Aparência* (sou importante porque vivo ocupado e sempre conectado ao escritório).
- *Aprovação* (se diminuísse o meu ritmo frenético, correria o risco de ser menosprezado por meus colegas de trabalho e amigos).

Toda essa comoção e conectividade estão resultando em privação do sono, ativismo, vício em tecnologia e pessoas carentes de relacionamentos.

A ferramenta mais simples na alienação da mente é a internet, já que ela fornece exatamente um tipo de estímulo sensorial e cognitivo que é repetitivo, intensivo, interativo e viciante. Tal estímulo notabiliza-se por resultar em fortes e rápidas alterações nos circuitos e funções cerebrais.[28]

A rede mundial de computadores está, literalmente, reprogramando os nossos cérebros.

> **Em média, uma pessoa verifica a sua caixa de entrada de mensagens 37 vezes por dia. O som mais reconhecido no mundo é o aviso de chegada de mensagem eletrônica, disparando o impulso pavloviano de responder imediatamente.**

Recentemente, um amigo e cliente sugeriu que a "tecnologia é a nova idolatria", após ver um frequentador de sua igreja disfarçadamente usando o celular durante o serviço de culto. E como a adoração a esse novo deus afeta as pessoas?

Um estudo feito no Reino Unido, em 2005, descobriu que trabalhadores distraídos pelo correio de voz ou de texto sofreram uma queda no QI duas vezes maior que a verificada em usuários regulares de maconha.[29]

Os benefícios da multitarefa constituem mais mito do que fato.

- "O que hoje é considerado como multitarefa era, outrora, apenas chamado de 'falta de atenção'".[30]
- A Universidade de Utah, nos EUA, descobriu que motoristas dirigindo enquanto falam ao celular são semelhantes a condutores alcoolizados.
- "Em média, são necessários 23 minutos e 15 segundos para retornar à tarefa", após ter seu trabalho interrompido por algo paralelo e não relacionado.[31]

Como em toda religião, há um completo dicionário de expressões para descrever as cômicas, porém nocivas, demandas desse deus: "Refeições à mesa de trabalho, comida de porta-copos, síndrome da pressa." Existe até mesmo uma postura de adoração prescrita: a "oração do BlackBerry". O perigo de seguir essa falsa divindade vai muito além de se tornar uma pessoa calada e distraída ou de dirigir como um bêbado. No mundo corporativo, a sobrecarga de atividades corrói a reflexão — o que, por seu turno, inibe a criatividade, o surgimento de ideias inovadoras e a liderança sustentável.

Igualmente, a vida familiar é vitimada pela agenda lotada e pela desnutrição emocional:

> O tempo que passam juntos é alimento para a família e, hoje, estamos atravessando um período de "escassez de convívio" na vida diária familiar. O mais estranho nisso, em termos culturais, é que tal comportamento tornou-se

motivo de orgulho: "Bem, você acha que a sua família é ocupada? É porque ainda não viu a minha!"[32]

Ser totalmente presente é cada vez mais incomum e, verdadeiramente, uma dádiva para você mesmo e para a pessoa que está sendo honrada com a sua total atenção.

Mesmo a situação atual dos casamentos (49% dos matrimônios acabam em divórcio), da saúde (dois terços dos americanos são obesos ou estão com sobrepeso) e da educação (a cada ano, mais de um milhão de estudantes não completam o ensino médio) esboça parte da causa pela falta de tempo para relacionamentos, praticar exercícios, comer de forma saudável ou frequentar as aulas com regularidade. Richard Foster observa:

> Perdemos a respiração em meio a uma série de compromissos e obrigações. O problema é especialmente agudo para aqueles que sinceramente desejam fazer o que é certo. Com frenética fidelidade, respondemos a todos os chamados de trabalho, dolorosamente incapazes de distinguir o chamado de Cristo daqueles de manipuladores

humanos. Nós nos sentimos sobrecarregados com o fardo da integridade.[33]

Um princípio central na busca por vidas *focadas* é o ritmo, ou seja, mover-se a uma velocidade apropriada. Claramente, nada acontece se não sairmos dos bastidores. No entanto, fazer isso nos momentos certos, onde há oportunidade de aprendizado, requer mover-se na velocidade adequada. Como, então, descobrimos o ritmo correto? Como aparecermos nos momentos impactantes na vida de nossos familiares, parceiros, associados e amigos?

O ritmo adequado precede a presença autêntica.

Alguns anos atrás, encontrei-me com um dos meus líderes organizacionais favoritos. Imagine esta cena: ele tinha um escritório de canto, dotado de um sofá, cadeira e mesa. Belas peças de arte adornavam três paredes e uma ampla janela, com vista para o centro da cidade americana de Atlanta, ocupava a quarta. Não havia telefone, relógio, gabinetes ou qualquer outro mobiliário.

Durante toda a nossa reunião, que durou cerca de uma hora, ele manteve-se totalmente presente. Não houve distrações e tampouco interrupções. Nenhum celular tocando ou mensagens eletrônicas chegando. Naquele período de sessenta minutos, progredimos mais do que teríamos conseguido com algumas pessoas em um ano inteiro! Deixei o seu escritório pensando o quão raro isso acontece. "Que dádiva", pensei, "é ser totalmente presente". Isso é cada vez mais incomum e, verdadeiramente, uma dádiva para você mesmo e para a pessoa que está sendo honrada com a sua total atenção.

E quanto a você? Com que frequência está totalmente presente? Você pode chegar à sua casa, mas ainda estar presente no escritório. Pode aparecer para a meditação matinal, porém ainda estar espiritualmente adormecido. É possível estar fisicamente em um lugar, mas distante anos-luz de lá, emocional ou intelectualmente.

Conduzir uma vida *focada* requer genuína presença. Não podemos apenas fingir que estamos presentes. "A superficialidade é maldição de nosso tempo. A doutrina da satisfação instantânea é, antes de tudo, um problema espiritual. A necessidade urgente hoje não é de um maior número de pessoas inteligentes, ou dotadas, mas de pessoas *profundas*."[34] E essa profundidade de espírito principia com um ritmo saudável de ação e a nossa presença total com respeito aos outros.

Isso, claro, é mais fácil em palavras do que em ações. A força gravitacional do ativismo é grande. Minha sugestão? Deixe a bola cair! Pare de tentar controlar todas as variadas dimensões de sua vida o tempo todo. Dar igual e elevada prioridade aos relacionamentos, ao trabalho, à saúde, à família e a você mesmo, simultaneamente, é receita certa para um desastre.

É necessário FAZER *menos*, MUITO *menos*, a fim de SER *mais* para nós mesmos e para as demais pessoas importantes em nossa vida.

Na página seguinte, estão algumas dicas que tenho observado em outras pessoas e que vão ajudar na determinação de quais bolas você deve deixar cair a fim de manter as mais importantes no ar. Como resultado, você será capaz de realizar um positivo e consistente trabalho no gerenciamento de seu ritmo e de sua presença em oposição ao permanente estado de sítio pela sua agenda e e-mail.

A sua vida é mais do que apenas aparecer. Você é totalmente presente hoje?

FAÇA *menos*. SEJA *mais*.

Os três elementos

Ritmo

Nosso filho caçula, Josh, passou um ano na África do Sul, trabalhando com crianças em um orfanato e praticando beisebol, sempre que possível. Em uma recente postagem, intitulada *Aprendendo a caminhar com os outros*, ele compartilhou as suas dúvidas iniciais quanto à importância daquele tempo ali. Ele não sentia estar realizando algum impacto mensurável.

Contudo, após diminuir o seu ritmo e, simplesmente, "caminhar" com seus irmãos e irmãs naquela pequena vila sul-africana, ele observou:

> Devo admitir que eu estava um pouco descrente de que a minha simples presença seria tão impactante àqueles ao meu redor. Apesar de não possuir nenhuma prova física de que realizei alguma coisa, repentinamente, senti-me como se tivesse realizado muito!
>
> Finalmente compreendi o que significa "acompanhamento". Não se trata de realizar coisas, de reparar paredes, ensinar inglês, treinar esportes ou qualquer outra coisa no sentido físico. Trata-se de andar junto com os outros, de entrar em um caminho desconhecido, cujo fim ignoramos, mas que trilharemos junto a outros.
>
> Eu não vim aqui para iniciar algo grande e transformador. Deus já está aqui e, por sua graça, fui convidado a tomar parte naquilo que ele já está fazendo.

A chave é CAMINHAR, não correr. Tentar desacelerar o seu passo um pouco a cada dia. Veja o que acontece em sua própria energia e em seus relacionamentos com as demais pessoas.

Presença

Independentemente de qual seja a sua formação religiosa ou cultural, separe um dia na semana para descanso. O relato bíblico é de que, após criar o mundo em seis dias, Deus descansou no sétimo. Se funcionou para o Todo-Poderoso, talvez funcione para você também!

Escolha um dia por semana para desconectar-se da tecnologia e não trabalhar, sem sequer olhar para a sua agenda. Dedique esse dia a estar com sua família e amigos. O alvo é estar *totalmente presente* com as pessoas mais importantes em sua vida, por um dia inteiro. Force a si mesmo, caso necessário, para desfrutar da companhia de seus queridos e da contemplação do mundo ao seu redor.

Uma forma positiva de crescer rumo a um dia sabático é praticar a presença total em reuniões, conversas telefônicas e qualquer outra interação com os outros. Desligue a chamada de espera e ignore a tecnologia — observe o quanto mais você vai realizar e experimentar da alegria de interações profundas com os outros.

Promessa

Integridade é manter as pequenas promessas que você faz a si mesmo e aos demais. Nós enfraquecemos o nosso engajamento total ao fazermos muitas promessas que não somos capazes de cumprir. Uma pessoa *totalmente engajada* raramente assume compromissos em excesso.

Cerca de vinte anos atrás, ouvi um conferencista referir-se à palavra "NÃO!" como salva-vidas. Viver uma vida *focada* exige assumir o compromisso de dizer "NÃO" às coisas periféricas, a fim de poder dizer "SIM" às coisas certas.

Reveja a avaliação do *Valor de Vida* que você respondeu ao final do primeiro capítulo. Que dimensões da vida são mais importantes para você? Inicie dizendo "SIM" às atividades e compromissos que beneficiam e nutrem essas dimensões, bem como "NÃO" àquelas que prejudicam as dimensões menos importantes. Deixe cair algumas bolas, a fim de manter no ar as mais importantes para você e seus amados.

AÇÃO

Como mover-se rumo a um futuro emocionante?

CAPÍTULO SETE

Celebre os seus reveses

*O seu envolvimento é
abastecido pela falha*

Por treze anos, Steve sentiu-se realmente perdido. Como desabrigado, ele perambulou pelas esquinas, interpelando estranhos em busca de dinheiro para comprar a próxima pedra de crack. O consumo recreativo de drogas e álcool transformou-se em vício avassalador, após seu irmão mais velho colidir violentamente, a oitenta quilômetros por hora, contra um caminhão de lixo que estava estacionado. A violência do choque foi tal que o teto do carro foi arrancado. Então, quando seu irmão caçula cometeu suicídio, Steve passou ao ciclo de tratamentos, clínicas de recuperação e recaídas. Cada tentativa de interromper a sua queda livre de volta às drogas era frustrada com um fracasso autoinduzido. Após dezenas de centros de tratamento e incontáveis abrigos, ele havia esgotado o sistema. Não tinha mais nada ou ninguém a quem recorrer.

Então, quando Steve vagueava descalço diante de um corpo do Exército de Salvação, foi recebido à porta de maneira efusiva:

— Seja bem-vindo. Estamos muito felizes com sua presença!

Naquela noite, na capela, um homem colocou o braço ao redor dele, olhou diretamente em seus olhos e disse:

— Estou aqui para lhe dizer que seu pesadelo acabou.

Necessitando desesperadamente que aquilo fosse verdadeiro, embora crendo não ser possível, Steve respondeu:

— Olhe, amigo, esta não é minha primeira vez. Tenho entrado e saído de tratamentos por anos.

O homem repetiu:

— Você não está me escutando! Estou aqui para lhe dizer

que seu pesadelo acabou. A história de terror na qual você tem vivido chegou ao fim.

Naquele instante, as sementes de uma vida *focada* foram plantadas.

Sete anos depois, Steve está limpo e sóbrio, afortunadamente casado e diariamente reinvestindo onde foi salvo, no Exército de Salvação de Mineápolis, porque "o solo lá é muito fértil para transformações". Steve estava morto; agora, está bem vivo! Quando ele relata a sua jornada, seus olhos brilham com a alegria de estar verdadeiramente *focado* em sua vida pessoal, profissional, em seus relacionamentos e na fé que abraçou.

Poucas histórias de transformação de vida são tão dramáticas quanto essa. Poucas pessoas sentem-se tão desesperadas quanto Steve se sentia. Contudo, cada um de nós anseia por algo mais, algo diferente. Possuímos um profundo desejo por uma vida de significância e propósito, onde possamos viver *focados* e satisfeitos.

Possuímos um profundo desejo por uma vida de significância e propósito, onde possamos viver *focados* e satisfeitos.

Claro que não estou recomendando treze anos de vício em drogas, como rota preferida para se alcançar a plenitude! Porém, o paradoxo é que, com frequência, faz-se necessário passar por privações, contratempos ou tragédias a fim de despertar em nós a resiliência para, incansavelmente, perseguir uma vida *focada*. Podemos perambular como sonâmbulos por dias e até mesmo semanas sem, contudo, conhecer a extensão de nosso distanciamento. É como os pilotos da Northwest Airlines que já passaram por Mineápolis a mais de 200 quilômetros, em seu voo rumo a San Diego, antes de perceberem que já estão sobre o estado de Wisconsin: é que o piloto automático embalou a soneca deles.

Qual o seu relacionamento com a dificuldade, o revés ou a falha? Quando você é honesto consigo mesmo, existe alguma influência em sua vida mais poderosa na ação de forjar as suas crenças e inspirar o seu total comprometimento do que uma falha?

Em seu livro sobre a sua desanimadora temporada de basquete na academia militar The Citadel, na Carolina do Sul (EUA), com apenas oito vitórias em 25 jogos, Pat Conroy escreveu:

> A perda é o mestre mais violento e inflexível, de coração gelado, mas de visão aguçada em sua compreensão de que a vida constitui mais um dilema do que um jogo e mais testes do que passe livre. Minha familiaridade com a perda tem me sustentado durante as passagens tempestuosas de minha vida, quando o aviso prévio bateu à porta, quando os cheques foram devolvidos pelo banco, quando disse aos

meus pequenos filhos que estava deixando a mãe deles, quando o desespero se abateu sobre mim, quando os pensamentos de suicídio começaram a soar como canções de alívio. Apesar de ter aprendido algumas coisas com os jogos que ganhamos naquele ano, aprendi muito, muito mais com as derrotas.[35]

A severa experiência de uma perda forja a crucial resiliência que abastecerá uma vida consistentemente *focada*. A adversidade nos introduz a nós mesmos. Recentemente, eu estava em um ônibus, levando um grupo de líderes a um seminário. A pessoa ao meu lado, em uma tentativa de iniciar um diálogo, disse:

— Então, você é o consultor de liderança... — (Eu amo essa frase inicial que, em geral, é expressa com uma ponta de sarcasmo!). A seguir, ele perguntou: — Em sua opinião, qual a característica mais importante que um líder deve possuir para ser bem-sucedido?

Minha resposta honesta foi:

— Ela ou ele deve passar por perda física, espiritual, profissional, pessoal, relacional e, então, levantar, sacudir a poeira e seguir adiante com a sabedoria daquela perda cauterizada em sua mente e coração. Eu *jamais* seguiria um líder que nunca experimentou uma frustração, porque carece da compaixão e da humildade para liderar outros.

Não foi exatamente o que aquele jovem executivo esperava ouvir ou aceitar. Afinal, ele estava ali para encontrar a solução mágica!

Liderar é engajar outros. Para lograr isso, primeiramente,

nós é que devemos estar totalmente engajados. Na verdade, as sementes de um consistente e total comprometimento são cultivadas naqueles momentos que nos testam profundamente, no mais íntimo de nosso ser. Então, aprendemos o que realmente importa e obtemos a humildade necessária para dependermos da enorme graça de Deus, em vez de nossos próprios e inconsistentes esforços.

Mark Batterson, pastor da Igreja da Comunidade Nacional, em Washington, escreve:

> Quando estou atravessando um período difícil emocional, relacional ou espiritualmente, eu imagino que estou passando por um aprendizado naquelas áreas. Quando fica realmente difícil, penso como se fosse um trabalho de graduação. Todos e tudo tornam-se parte de minha educação: Deus os redime e os usa para me moldar na pessoa que ele quer que eu seja.[36]

Os exemplos de superações espetaculares de um fracasso ou tragédia são de grande inspiração para nós:

- Albert Einstein ouviu de seu professor de matemática que ele jamais chegaria a algum lugar.
- Warren Buffett foi rejeitado pela Escola de Negócios de Harvard.
- Steve Jobs foi descartado pela HP para um emprego inicial e, mais tarde, despedido pela companhia que ele mesmo fundou, a Apple.
- Juliette Magill Kinzie superou a perda de sua audição,

de seu marido e de sua casa, para fundar o movimento de escotismo para meninas nos Estados Unidos.
- Dan Luckett superou uma amputação dupla, sendo, hoje, um dos 41 americanos amputados que servem em zonas de conflito.

> **A falha não é uma opção — é um pré-requisito para viver uma vida focada.**

Antes de escrever a sua mundialmente famosa série *Harry Potter*, J. K. Rowling estava desempregada e "tão pobre quanto era possível ser na Grã-Bretanha moderna sem ser uma desabrigada". Olhando para trás, ela exalta os benefícios essenciais da adversidade. "O fracasso significou despir-se do não essencial. Parei de fingir para mim mesma que eu era diferente do que realmente era e comecei a direcionar toda a minha energia em terminar o único trabalho que importava para mim."[37]

Livrar-se do secundário, do não essencial, permitiu a Rowling FAZER *menos* a fim de SER *mais* — no caso, autora de uma série de livros que, rapidamente, se tornou o maior fenômeno mundial de vendas na história. Despir-se de tudo aquilo que não seja essencial é, em geral, o primeiro e necessário movimento rumo a uma vida *totalmente engajada*. Isso nos capacita a perseguir aquilo que fomos chamados a fazer.

Em seu livro de mesmo nome, Gene Kranz expressa a famosa frase: "*Failure is not an option*" (O fracasso não é uma opção), referindo-se à missão de trazer de volta e vivos os astronautas da Apollo 13. Isso pode ser verdade com respeito a lançar um foguete ao espaço ou saltar de paraquedas, mas é perfeitamente incorreto com respeito a perseguir uma vida *focada*. De fato, o fracasso não é uma opção — é um pré-requisito. Quem me dera conseguir o necessário aprendizado e desenvolver uma consistente resolução, para ser verdadeiramente focado de um modo mais fácil e menos doloroso! Mas, realmente, não sei como.

Quer seja a perda do emprego, um fracasso financeiro, um relacionamento difícil ou mesmo um deserto espiritual, todos nós vivenciamos reveses e tribulações. Contudo, ao refletirmos sobre os nossos fracassos e explorarmos essas ricas experiências em busca de sabedoria, podemos avançar rumo a uma vida totalmente engajada. Assim, talvez devamos fracassar logo a fim de nos engajarmos mais cedo. Em outras palavras, seja mais ousado, arrisque-se. Dê um salto de fé. Como você faz isso?

Ao longo dos fundos de nossa propriedade, a oeste da cidade de Mineápolis, há inúmeros carvalhos antigos. Eles balançam e se arqueiam ao sabor dos fortes ventos e das grandes tempestades. Porém, nos dez anos em que lá vivemos, aqueles gigantes jamais cederam àquela tremenda pressão. Diz-se que "o carvalho poderoso de hoje é apenas a noz de ontem que ficou firme no solo". Essas majestosas árvores permanecem firmes e arraigadas ao solo, independentemente de quão fortes sejam os ventos que as atinjam.

Utilize o exercício, dado a seguir, para refletir tanto sobre as vitórias quanto sobre as derrotas de sua vida. Então, foque em seus reveses como as sementes cruciais para ações consistentes, que lhe permitirão firmar-se ao seu solo e rumar a uma vida *totalmente engajada*.

O seu comprometimento é alimentado pelos fracassos e falhas. Onde você pode arriscar-se ao fracasso hoje?

FAÇA *menos*, SEJA *mais*.

Quais são os seus Momentos Decisivos?

Na linha de vida abaixo, registre os Momentos Decisivos que mais impactaram você. Coloque um ponto abaixo ou acima da linha, classificando-os como neutro, elevado ou baixo (*à época*). Quanto mais abaixo da linha eles forem classificados, mais negativos foram os impactos para você. Ao contrário, quanto mais acima da linha, mais positivos foram aqueles impactos. Ligue os pontos com uma linha cronológica de maneira que você possa claramente ver esses Momentos Decisivos em sua vida.

Elevado

Neutro

Baixo

(Idade)   0   10   20   30   40   50   60   70

Quais são os três fracassos ou reveses que mais impactaram a sua vida?

1. _____

2. _____

3. _____

Agora, reflita em como esses momentos impactam a sua coragem em *fazer menos e ser mais?*

CAPÍTULO OITO

Permaneça em contato

*Você é projetado para viver
em comunidade*

Na noite anterior ao início de nossa escalada ao Kilimanjaro, nosso jovem guia, Elias, reuniu nosso grupo de 12 membros para duas tarefas críticas. Primeiro, ele detalhou a rota que iríamos seguir por cinco ecossistemas, começando pela floresta montana, com os macacos balançando entre as árvores e os elefantes em busca de folhagem no chão, culminando seis dias depois no pico glacial. Ele almejava que vislumbrássemos como iríamos nos sentir e o que veríamos durante o desenrolar daquela aventura de sete dias. Elias também queria começar a construir um relacionamento com cada um de nós de modo a definir como melhor liderar o nosso grupo.

Em segundo lugar — e mais importante —, a tarefa era fazer com que o grupo acordasse para o fato de que, naqueles dias, viveríamos juntos em comunidade. Iríamos nos comprometer a chegarmos unidos ao cume do Kilimanjaro como um grupo ou agiríamos como um ajuntamento de indivíduos que pagaram uma elevada soma para ir à Tanzânia, sentindo-se no direito de pisar no pico mais alto do continente africano, não importando o que viesse a acontecer?

Nas aconchegantes dependências de nosso acampamento-base, aquilo parecia uma coisa óbvia. Rapidamente, concordamos em chegar todos juntos ao pico; caso contrário, ninguém chegaria. Um por todos e todos por um! No entanto, no quarto dia de aventura, nosso grupo havia perdido totalmente o contato uns com os outros. A distância entre o primeiro a chegar ao acampamento da tarde e o último a aparecer foi de quatro horas! Havíamos abandonado totalmente o nosso acordo de união, feito apenas quatro dias antes. É como já advertia Albert Einstein: "Na

teoria, teoria e prática são iguais; mas, na prática, elas não são."
Àquela altura, era como se pensássemos: "Fora com a teoria da comunidade! Viva a prática da busca egoísta de nossos próprios objetivos!"

Conforme seu ritual, ao final daquele dia, Elias nos reuniu novamente a fim de instruir e discutir a jornada do dia seguinte. Naquela quarta noite, ele compartilhou este sensato pensamento: "Se continuarem amanhã como fizeram hoje, alguns de vocês não vão chegar." O guia não estava sugerindo que alguém iria morrer, mas que tinha a firme convicção de que, se continuássemos agindo individualmente, certamente alguns de nós não alcançariam o objetivo. Muitos, em nosso grupo, já estavam lutando para completar os três dias que ainda restavam.

O certo sobre este ponto em sua jornada rumo a uma vida totalmente engajada é que, talvez, você olhe ao redor e chegue à chocante conclusão de que está sozinho em sua busca, porque perdeu o contato com os demais e, até mesmo, consigo mesmo. Há duas práticas vitais que facilitam o propósito de nos manter conectados, em nossa busca por uma vida totalmente engajada. A primeira é a disciplina de uma reflexão diária. A segunda, manter conversas regulares e corajosas com um Conselho de Vida, que vai nos acompanhar em nossa jornada.

Reflexão diária

Certa vez, um amigo compartilhou que estava lutando para tomar uma decisão muito importante. Ele disse:

— Então, passei a noite toda em oração.

Conhecedor de que meu amigo era do tipo que, em geral,

é a pessoa mais inteligente do grupo e que vai rapidamente ao ponto, perguntei, com certo ar de incredulidade:

— A noite toda? O que você tinha a dizer que tomou toda a noite?

Ele respondeu:

— Eu não disse uma palavra. Apenas escutei.

Meu amigo estava colocando em prática a primeira disciplina de estar conectado — um tempo de quietude para reflexão e oração. Ele estava apaziguando a sua mente, a fim de discernir a direção que deveria seguir naquela decisão crítica. Veja, criatividade e clareza não fluem em uma cabeça barulhenta, mas em uma mente livre de distrações e preocupações sobre o ontem ou o amanhã.

Em um dos mais íntimos relatos da Bíblia, Moisés, um homem encarregado de liderar todo o povo de Israel, é visto encontrando-se com Deus do seguinte modo:

> Moisés costumava montar uma tenda do lado de fora do acampamento; ele a chamava Tenda do Encontro. Quem quisesse consultar o SENHOR ia à tenda, fora do acampamento. Sempre que Moisés ia até lá, todo o povo se levantava e ficava de pé à entrada de suas tendas, observando-o, até que ele entrasse na tenda... O SENHOR falava com Moisés face a face, *como quem fala com seu amigo*.[38]

Clareza e criatividade não fluem em uma mente barulhenta, mas em uma mente livre de distrações e preocupações sobre o ontem ou o amanhã.

Há mais sabedoria de vida aqui do que é possível ver inicialmente. Moisés ia para "fora do acampamento" a fim de encontrar-se com Deus. Ele retirava-se de sua rotina e de seu cenário habitual para passar um tempo face a face com o Senhor, em calma conversação. O povo liderado por ele aguardava, cada qual em sua tenda, em ansiosa espera pelo retorno de Moisés. Sem dúvida alguma, a expectativa que tinham era de que o líder teria algo a dizer após este tempo diante do Altíssimo. Líderes que apenas leem e-mails e passam o dia atarefados e ocupados, em geral, nada têm a dizer que seja importante ou impactante. Eles terminam como a descrição, expressa por Richard Foster sobre si mesmo, após três meses no ministério:

> Meu problema era mais do que ter algo a dizer de domingo a domingo. Meu problema era que aquilo que eu dizia não tinha poder para ajudar as pessoas. Eu não possuía substância, nem profundidade. As pessoas estavam famintas da palavra de Deus e eu nada tinha a dar para elas.

Nada. Eu estava espiritualmente arruinado e sabia disso.[39]

Para consistentemente viver uma vida *totalmente engajada*, é necessário montarmos a nossa própria "tenda do encontro" fora do acampamento de nossa atribulada agenda diária e de nossas rotinas. A primeira e mais importante conversa, ao início de cada dia, é com o nosso interior e com Deus. Precisamos explorar as cavernas internas de nosso próprio coração e, então, rogar por orientação e direção antes de iniciarmos, por conta própria, a escalada rumo ao pico de nossa montanha diária.

Foster prossegue:

> Na sociedade contemporânea, nosso adversário se especializa em três coisas: ruído, pressa e multidões. Se ele puder manter-nos ocupados com "grandeza" e "quantidade", descansará satisfeito. O psiquiatra C. G. Jung observou, certa vez: "A pressa não é do diabo; ela é o diabo."
>
> Se esperamos ultrapassar as superficialidades de nossa cultura — incluindo a religiosa —, devemos estar dispostos a descer aos silêncios recriadores, ao mundo interior da contemplação.[40]

É necessário desenvolvermos a disciplina de iniciar cada novo dia com um tempo de quietude, livre de distrações e barulho, a fim de buscar a sabedoria e o conselho de Deus antes de agirmos. *Não* se trata de uma técnica ou receita, mas um tempo "face a face", onde ouvimos atenta e intencionalmente para, então, obedecermos ao que ouvirmos.

> **Larry King principia cada dia com a lembrança de que nada aprende enquanto fala. "Então, se vou aprender algo, devo fazer isso pelo ouvir", diz.**

Iniciar silenciosamente nos capacita a FAZER *menos* das tarefas realmente periféricas e SER *mais* quem fomos designados, chamados e equipados a ser. Isso permite que nos movamos do marginal para os eventos centrais do dia. Sem reflexão diária, arriscamo-nos a perseguir falsos objetivos, desperdiçar nossa energia, assumir compromissos em excesso. Estamos, assim, fadados à insatisfação.

Conselho de vida

No entanto, não podemos restringir a nossa reflexão a nós mesmos. Necessitamos buscar fora o conselho sábio e a cobrança corajosa de outros, ou assumimos o risco de tornarmo-nos lendas em nossa própria mente!

Um Conselho de Vida é uma forte equipe de apoio. É formado por um grupo de pessoas de sua confiança que oferece apoio, conselho e sabedoria. Os membros de seu conselho o mantêm comprometido em viver uma vida *focada*. O seu Conselho de Vida pode incluir o cônjuge, sócios, familiares, amigos, mentores espirituais, conselheiros, bem como pessoas mais experientes e sábias. A única coisa que eles terão em comum é você. O trabalho central de seu Conselho de Vida é motivar, desafiar e inspirar você. Eles fornecem informações e recursos para você fazer escolhas sólidas e viver *totalmente engajado*.

Quinzenalmente, às sextas-feiras, eu participo de uma "reunião de conselho parcial". Reúno-me com mais dez homens que possuem histórias perfeitas, habilitando-os a estarem uns com os outros em cada experiência de vida. Temos nos encontrado por anos, lendo, orando, contando histórias e investindo profunda e mutuamente na vida uns dos outros. A comunicação corajosa e transparente tem aberto as comportas da realidade. Uma vez derrubadas as fachadas de nossa vida, que mostravam uma aparente ordem e tranquilidade diária, começamos a compartilhar a verdade — o bom, o ruim e o horrível com respeito ao trabalho, relacionamentos, fé e família —, tornamo-nos um "grupo de irmãos", unidos e capazes de inspirar uns aos outros a viver vidas *focadas*.

Ao longo dos últimos cinco anos, coisas têm acontecido aos integrantes do grupo. Empregos têm sido perdidos; a saúde tem sido abalada; relacionamentos cambalearam; e nossa fé apresentou altos e baixos. Em outras palavras, a vida tem seguido o seu curso! E, em cada circunstância, há outro homem que experimentou, ou tem vivenciado, exatamente a mesma realidade. Por causa disso, cada um de nós tem sido capaz de ganhar uma nova perspectiva e sabedoria, quando elas estão ausentes em nós.

Igualmente, somos capazes de celebrar juntos as grandes vitórias, as promoções, as formaturas, os netos que chegam e as restaurações que são alcançadas. Ali, não consideramos uns aos outros como presunçosos, autossuficientes ou altamente independentes. Necessitamos uns dos outros e pronto.

Tudo isso pode soar estranho em uma época dominada pelas mídias sociais. Talvez, quanto mais digitais nos tornamos, mais profundo é o nosso desejo de estar, pelo menos parte de nosso tempo, envolvidos em uma atividade totalmente analógica — conversar face a face, "como quem fala com seu amigo", com Deus e com pessoas essenciais em nosso viver. Talvez Moisés seja o formador da original e suprema rede social!

Se queremos viver vidas *focadas*, necessitamos permanecer em consistente contato com Deus, com nós mesmos e com um pequeno e íntimo grupo de amigos.

Utilize o exercício, apresentado a seguir, para desenvolver e engajar o seu próprio Conselho de Vida. O resultado poderá ser um pequeno grupo de confiáveis conselheiros que constituem o seu próprio grupo de parceiros, responsáveis por compartilharem as suas mais íntimas reflexões e comprometimentos.

Somos criados para viver em comunidade. Com quem você está profundamente conectado hoje?

FAÇA *menos*. SEJA *mais*.

O seu Conselho de Vida

Todos os membros de seu Conselho de Vida devem atender aos seguintes critérios:

- Ser genuinamente interessado (e não um interesseiro) em seus objetivos de vida, valores e paixões.

- Ser um especialista (e não um generalista) que traga qualidades únicas que auxiliem você a crescer.

- Oferecer sabedoria (e não informação) em dimensões específicas da vida.

- Ser corajoso (e não condescendente) e honesto com você, a fim de mantê-lo fiel aos seus compromissos.

Selecionando o seu Conselho

Escreva o nome de três a cinco pessoas que atendam aos critérios citados e que possam associar-se a você durante os próximos doze meses, visando a auxiliá-lo a alcançar o seu objetivo de uma vida *focada*.

Amigos ou familiares:
- _____
- _____
- _____

Mentores:

- _____
- _____
- _____

Conselheiros:

- _____
- _____
- _____

Pessoas experientes e sábias:

- _____
- _____
- _____

Grupos espirituais e comunitários:

- _____
- _____
- _____

Papéis de seu Conselho de Vida

Selecione de três a cinco pessoas que estarão em seu Conselho de Vida nos próximos doze meses e identifique o papel que você gostaria que cada uma delas desempenhasse. Esses papéis podem ser de ouvinte, catalisador, sabedoria específica, narrador da verdade, apoio, parceiro de responsabilidade, etc.

Nome: _____
Papel: _____

Nome: _____
Papel: _____

Nome: _____
Papel: _____

Nome: _____
Papel: _____

Nome: _____
Papel: _____

CAPÍTULO NOVE

Desapegue

O seu engajamento é sustentado pela generosidade

Provavelmente, desde muito cedo em sua vida, você aprendeu o valor do dinheiro. Descobriu o quanto custa comprar um sorvete e, muito mais tarde, um carro. Pense um pouco sobre o que você fez com seu primeiro pagamento... E o que fez com o mais recente. A maneira como você gasta o seu dinheiro tem tudo a revelar, não somente sobre as suas prioridades, mas também acerca de sua visão de mundo, sua autoimagem e o valor que você dá aos outros e a seus relacionamentos.

Não muito tempo atrás, circulou um e-mail que detalhava a ascensão e a queda cíclica das grandes civilizações do mundo:

Da escravidão à fé espiritual;
Da fé espiritual à grande coragem;
Da grande coragem à liberdade;
Da liberdade à abundância;
Da abundância à complacência;
Da complacência à apatia;
Da apatia à dependência;
Da dependência de volta à escravidão.

Embora a autoria dessa teoria possa ser objeto de discussão, a progressão apresenta um perfeito sentido. E se aplica não apenas a culturas, mas também a ciclos de vida pessoal. O ponto crítico é *abundância*. O que faz uma nação ou uma pessoa com a abundância proveniente da liberdade?

Se você tem trabalhado nas práticas sugeridas ao final de cada capítulo, já pode estar experimentando uma recém-descoberta abundância como resultado de uma vida *focada*. É possível que você tenha mais tempo disponível por estar dizendo "não" com mais determinação às atividades periféricas e "sim" com mais sabedoria ao que é essencial. Talvez esteja se sentindo com mais energia para estar com seus amados, porque os seus valores estão ajudando-o a manter o foco em atividades, propósitos e relacionamentos regeneradores, em vez de consumidores de energia.

Quem sabe, os seus negócios estão prosperando com a maior disciplina e paixão nutridas por um senso de vocação — ou, ainda, o seu nível de estresse está caindo porque você não está mais tentando fazer tudo o que fazia antes.

A questão central é: O que você faz com mais tempo e energia?

Você começa a considerar a abundância como certa e se deixa escravizar pela tirania do tempo e pela tentação de FAZER mais? Ou considera a abundância como um convite aberto para SER mais generoso como jamais imaginou?

> *A questão central é: O que você faz com mais tempo e energia?*

A abundância desperta a gratidão. Esta, por seu turno, catalisa a generosidade. E se o antigo adágio — o de que é melhor dar do que receber — for verdadeiro, então, a generosidade está no centro de uma vida *totalmente engajada*.

Não estou falando sobre dar uns minutos a mais de atenção a um colega, de colocar algumas cédulas na caixa de coleta das obras sociais da igreja ou doar um cobertor à campanha do agasalho no inverno. Refiro-me a doar-se de modo sacrificial e total a outras pessoas porque você as ama ou dar um dinheiro que você nem mesmo possui a uma pessoa que precisa dele muito mais que você.

A progressão de nossa vida é determinada pela clareza na resposta às três perguntas abaixo, que constituem a essência da generosidade:

POR QUE dar generosamente?
COMO dar generosamente?
ONDE dar generosamente?

Cada questão exige uma resposta ousada e contracultural, que alimenta a crescente prática do engajamento.

POR QUE dar generosamente?

A mais pura verdade é que tudo o que você possui é uma dádiva. A sua capacidade de trabalho, de estar em relacionamento com outras pessoas, de viver, amar e prosperar são, acima de tudo, totalmente dependentes de sua capacidade de respirar. E seu respirar diário é uma dádiva.

Não há mistério quanto ao ritmo da respiração: inspirar, expirar; repetir o processo indefinidas vezes. Prenda a sua respiração e, em minutos, você estará morto. É preciso expirar para viver!

O ritmo da vida é o mesmo: receber, dar e repetir! Apegar-se em excesso às suas coisas vai impedi-lo de respirar. A única coisa que você deveria colecionar são experiências. Tudo o mais ocupa espaço, requer manutenção constante e, por ocasião de sua morte, pode se tornar em motivo de conflito entre seus familiares, para saber quem fica com o quê. Tudo isso, é claro, desafia o mundo excessivamente individualista e materialista em que vivemos, que fala conosco na linguagem possessiva que diz: "É seu. Você fez jus a isso e tem o direito de possuí-lo. Pode aposentar-se com isso. Pode até mesmo controlá-lo após a morte, se planejar bem."

O povo de Israel foi alertado contra a complacência quando começaram a viver com abundância:

> O Eterno está prestes a fazer vocês entrarem numa terra boa, uma terra com ribeiros e rios, fontes e lagos, fontes de água nos montes e nos vales. É uma terra que produz trigo, cevada, vinho, figos e romãs; uma terra de olivas, azeite e mel. Nessa terra, vocês nunca passarão fome — sempre haverá comida na mesa e telhado sobre a cabeça. Nessa terra, vocês extrairão ferro das pedras e cobre das colinas... Se cada um de vocês começar a pensar assim: "Fui eu que conquistei tudo isso. Eu fiz tudo sozinho. Eu sou rico. É tudo meu!", ora, pensem bem. Lembrem-se de que foi o Eterno que deu a vocês forças para que produzissem toda essa riqueza, confirmando, assim, a aliança que ele firmou com seus antepassados — como hoje se vê.[41]

A sua responsabilidade como amigo, sócio, colega, pai, chefe, cônjuge, irmão e filho *totalmente engajado* é retribuir a sua vida!

A verdadeira generosidade jamais é uma campanha, mas uma conspiração. Ela conspira para nos transportar da pobreza de sempre buscar mais para a abundância de desfrutar do suficiente. Desafia o nosso instinto de apego egoísta com uma ordem para desapego sacrificial. A generosidade transforma a nossa cosmovisão de ser externamente impulsionado à distração, para ser internamente chamado ao contentamento. Ela nos incita a ir além da construção de um estilo de vida, a fim de deixar um legado duradouro. Por fim, é o combustível certo para uma vida totalmente engajada. Porém, ela também demanda uma radical reestruturação de nosso ponto de vista de autodependência.

A verdadeira generosidade jamais é uma campanha, mas uma conspiração.

Nos anos 1980, apenas 15% dos americanos usavam o cinto de segurança nos veículos. O governo tentou obrigar o uso, porém, apesar dos óbvios benefícios em segurança, as pessoas resistiram à lei, porque consideravam uma intervenção do Estado na vida privada. Somente depois que o tema foi apresentado como um meio de proteger as crianças é que as pessoas passaram a utilizá-lo. Três anos mais tarde, cerca de 80% dos americanos usavam o cinto regularmente, em geral como resposta à pergunta: "Mamãe, por que eu estou usando o cinto de segurança e você não?" Reformular o assunto resultou na mudança da lei e do comportamento.

Anos mais tarde, o mesmo processo se repetiu no Brasil, onde, hoje, o uso do cinto de segurança está disseminado na sociedade.

Quando reformulamos a generosidade de uma obrigação ou ordem, para uma resposta natural e voluntária por sermos ricamente abençoados com dádivas que não merecemos, a doação sacrificial torna-se o poderoso resultado.

Para permanecermos *totalmente engajados*, devemos ser semelhantes a um dos mais conhecidos pontos turísticos de Israel, o mar (ou lago) da Galileia. Ali, acontece um fenômeno natural interessante:

> O mar da Galileia possui uma passagem. Ele recebe para dar. Recolhe as riquezas que pode derramar novamente para fertilizar a planície do Jordão. Contudo, o mar Morto, com a mesma água, estabelece o horror. Pois o mar Morto não possui passagem. Ele recebe para guardar.[42]

Por que dar? Porque, antes, você recebeu! Você ganha para dar. Inspire, expire e repita!

COMO dar generosamente?

A generosidade é um processo de crescimento vitalício. O que pode começar como uma esporádica doação em dinheiro a alguém carente pode progredir a contribuições ocasionais, uma penhora ou mesmo um dízimo a um lugar de culto local. Porém, chegará o momento em que seremos confrontados com uma desconfortável questão: "Realmente amamos o próximo como a nós mesmos?" A verdadeira generosidade começa quando, sacrificialmente, abrimos mão de algo valioso para nós, em benefício de outros.

A descoberta do ator Paul Newman ocorreu quando James Dean, que estava escalado para o papel principal de um filme sobre o boxeador Rocky Graziano, a ser rodado em 1956, morreu em um acidente de carro. O filme recebeu o título original de *Somebody up There Likes Me* (Alguém lá em cima gosta de mim). Newman concordou com o título, pois a partir daquele ponto viveu como se alguém, realmente, gostasse dele. Com uma premiação da Academia como melhor ator, bem-sucedido como diretor, com um casamento de cinquenta anos e pilotando carros de corrida com mais de setenta anos, poucos questionariam que Newman viveu uma vida *totalmente engajada*. Ao final, mais do que a sua carreira no cinema, foi a sua generosidade que distinguiu a sua vida:

> Seus molhos e petiscos, vendidos por caridade a partir de 1982 ("desavergonhada exploração em busca do bem comum"), o transformaram no mais generoso indivíduo, com respeito à sua renda, na história do século 20 nos Estados Unidos.[43]

Até agora, a sua marca Newman's Own já gerou mais de 300 milhões de dólares (cerca de R$ 1,1 bilhão) para projetos humanitários em todo o mundo — dentre os quais o favorito de Paul, os seus onze acampamentos *Hole in the Wall* (Buraco no muro), destinados a crianças portadoras de doenças graves.

Alguém "lá em cima" gosta de você, também! Na verdade, ele AMA você! A resposta mais poderosa a este amor é uma generosidade total e, assim fazendo, sustentar uma vida *totalmente engajada* de serviço ao próximo.

Como você doa? As palavras do autor e diplomata sueco Dag Hammarskjöld nos dão um maravilhoso vislumbre do *como* de uma vida generosa: "Por tudo o que tem sido: Obrigado. Por tudo o que será: Sim."

> *Sim* é o campo prático da generosidade.
> *Sim* para enxergar a sua vida muito além do dinheiro.
> *Sim* para compartilhar a sua história e, corajosamente, viver os seus valores.
> *Sim* para trabalhar com um sentido vocacional.
> *Sim* para sonhar alto e estar plenamente presente.
> *Sim* para aceitar os reveses como oportunidades de avanço.
> *Sim* para nutrir relacionamentos.
> E, por fim, *sim* para doar-se generosamente.

ONDE dar generosamente?

Nos doze meses, 52 semanas, 365 dias, 8.760 horas, 525.600 minutos do próximo ano, onde você doará a sua vida *verdadeiramente focada*? E quanto ao ano posterior? E depois deste?

Nosso filho, Josh, escreveu sobre a sua profunda experiência de generosidade na África do Sul:

> Embora compartilhamento, esperança, sobrevivência, amor e bondade não sejam ideais novos para mim, jamais os vi atuando na vida diária tão plenamente quanto vejo em Kwanele. Ele tem vivenciado uma vida difícil, para alguém que tem apenas seis anos de idade. Abandonado por seu pai, ele é HIV positivo e tem apenas um pulmão devido à tuberculose, bem como outros problemas de saúde que impactam a sua rotina diária.
>
> Apesar das privações que tem de enfrentar, Kwanele poderia muito bem ser a criança mais feliz (e a mais graciosa) que conheci. Meu coração se derrete um pouquinho a cada semana que passo no orfanato e vejo em Kwanele um modelo de como viver na provisão de um Deus amoroso.
>
> Na semana passada, fiz uma caminhada até uma loja, perto do orfanato, para comprar *ma guina* (uma massa frita simplesmente deliciosa!). Como Kwanele foi a primeira criança que vi ao retornar, dei-lhe um pedaço do bolo. Enquanto eu partia mais um pedaço para um dos outros garotos, Kwanele foi mais rápido e repartiu o pedaço que eu lhe tinha dado com um menino próximo a ele. Embora possa parecer um pequeno gesto, reflita comigo. Aqui está um menino que come pouco por dia e, raramente, desfruta do prazer de um pedaço de bolo. Contudo, mesmo antes

de dar uma mordida na porção que eu lhe havia dado, ele estava pronto a diminuir a sua parte, para que outro garoto pudesse saborear aquele momento com ele.

Onde dar? Ora, você pode começar com a pessoa sentada ao seu lado e, dali, partir para o mundo. Os seus sonhos "produzidos por um fardo", do capítulo 5, contêm a "planta" onde você pode ser generoso com a sua vida *totalmente engajada*. Use o exercício *A Vida Generosa*, dado a seguir, para tornar um de seus sonhos uma poderosa expressão de generosidade no próximo ano. O resultado pode ser a expansão contínua de sua vida *totalmente engajada* e alimentada por um profundo sentimento de gratidão.

O seu engajamento é sustentado pela generosidade. O que você está doando hoje?

FAÇA *menos*. SEJA *mais*.

A vida generosa

ONDE doar generosamente? (Que Sonho de Vida posso realizar com generosa liberalidade?)
_____
_____
_____

POR QUE doar generosamente? (A que valores estou servindo?)
_____
_____
_____

QUEM vai me apoiar? (Quais membros de meu Conselho de Vida vão me dar apoio e cobrar a minha responsabilidade?)
_____
_____
_____

COMO vou doar? (Quais são minhas referências rumo ao cumprimento?)

1._____

Data-limite:_____ ❑

2._____

Data-limite:_____ ☐

3._____

Data-limite:_____ ☐

4._____

Data-limite:_____ ☐

5._____

Data-limite:_____ ☐

QUAIS são as recompensas?
_____
_____
_____

COMO celebrarei?
_____
_____
_____

CONCLUSÃO

FAÇA menos para SER mais

Você pode escolher viver com propósito

No dia 24 de agosto de 2006, dois mil e quinhentos cientistas reunidos em Praga, na República Tcheca, tornaram oficial: Plutão não é o que parecia ser, ou, pelo menos, não o que havia sido crido durante os 75 anos anteriores — um planeta. Devido ao seu tamanho reduzido e à sua órbita excêntrica, os cientistas há muito têm argumentado que, em primeiro lugar, esse corpo celeste jamais deveria ser considerado um planeta.

No dia seguinte, ouvindo um astrônomo discutir aquela inesperada decisão em um programa de rádio, percebi uma sucessão de diferentes sentimentos, da mais pura raiva ao desalento e, então, à tristeza. Adultos, como também crianças, acostumaram-se a uma visão particular de nosso sistema solar que incluía um nono planeta: Plutão. Cada ouvinte fez, em variadas versões, o mesmo tipo de pergunta: "Como podia ser? Como podia o sistema solar incluir nove planetas ontem e apenas oito hoje?" Uma mulher questionou: "O que vou dizer aos meus filhos?" Era como se as pessoas sentissem uma necessidade de defender aquele agora pobre e desprezado planeta.

Mike Brown, um professor do Instituto de Tecnologia da Califórnia, foi o responsável por, inadvertidamente, causar tamanha crise interplanetária ao descobrir Eris, um objeto muito mais distante do Sol, porém consideravelmente mais maciço que Plutão. Ele até escreveu um livro sobre sua descoberta, cujo título, em tradução livre, seria: "Como matei Plutão e por que ele mereceu."

A ciência é mutante. As contínuas descobertas e os avanços tecnológicos alteram o que ainda ontem era tratado como um fato insofismável. Da mesma forma, espero que este livro leve você a mudar algumas visões com as quais talvez tenha se acostumado ao longo de sua vida. De fato, alterar a rotina de saúde, o ritmo de trabalho, os hábitos de estudo, a generosidade ou o padrão de relacionamentos é sobremaneira difícil. Uma vez traçado o sulco, nos acostumamos a ele. Com o tempo, o sulco se aprofunda e alarga, tornando-se uma trilha, e você corre o risco de ser enterrado vivo. A diferença entre a trilha e uma sepultura reside apenas na profundidade da escavação. Refazer o traçado de qualquer trilha demanda muito esforço — e escapar de uma sepultura, um verdadeiro milagre.

Considere a busca por uma boa condição física. De cem pessoas que se matriculam em uma academia, sete jamais aparecem para a primeira aula. Vinte por cento desistem no primeiro mês e 75% abandonam os exercícios durante os primeiros três meses. Ou seja, dos cem originalmente matriculados, apenas dezessete permanecem malhando após três meses.[44] Porém, esculpir o abdômen ou aumentar o bíceps é uma mudança superficial; trata-se de um trabalho externo.

Viver uma vida *totalmente engajada*, contudo, é um esforço interno que exige mudar algumas crenças fundamentais e práticas longamente aceitas. Você precisa FAZER *menos* para SER *mais*.

Perseguir essa vida *totalmente engajada* demandará de você coragem e determinação. Em geral, tal mudança é incômoda e contrária à nossa intuição. Certamente, desafiará a chamada "sabedoria convencional". Seguir adiante em suas descobertas e compromissos exigirá uma boa dose de sacrifício, disciplina e persistência.

Não perca tempo, procrastine, hesite ou demore! Tomar a ousada decisão de fazer o melhor com todos os talentos e habilidades com que nasceu — de viver com propósito, começando a partir de hoje — capacitará você a desfrutar de satisfação, sucesso e entusiasmo resultantes de uma vida *focada*.

Isso permitirá que você vá além da superfície das coisas e descubra grande significância e um profundo sentimento de satisfação em sua vida diária.

Eu lhe desejo ricas bênçãos com sua escolha de FAZER *menos* para SER *mais*.

"Conte-me: o que você planeja fazer com sua vida única, indômita e preciosa?"
— Mary Oliver, *The Summer Day* (O dia de verão)

PONTOS DE FOCO

Qual é a ação?

Utilize os pontos de foco seguintes para definir uma ação que você se compromete a cumprir, como resultado da leitura de cada capítulo deste livro, FAÇA menos, SEJA mais.

1. Meça o seu valor: Que dimensão de sua vida, caso seja fortalecida ou amadurecida, mais impactará as outras nove dimensões? **AMADUREÇA**

___
___
___
___
___
___
___
___
___
___
___
___
___

2. Compartilhe a sua história: Caso tivesse a oportunidade de fazer uma única pergunta, o que gostaria de perguntar aos seus pais? **PERGUNTE**

3. Faça o que importa: Que valor você gostaria de mostrar em seu dia a dia? **VIVENCIE**

4. Ocupe o seu espaço: Qual o ponto forte principal que alimenta a sua vocação? **USE**

5. Sonhe bem acordado: Quais os principais sonhos em sua lista? **COMECE**

6. Deixe a bola cair: Qual a distração que mais frequentemente leva você a perder o foco? **PARE**

_____

_____

_____

_____

_____

_____

_____

_____

_____

_____

_____

_____

_____

_____

_____

7. Celebre os seus reveses: Que fracasso mais influenciou o seu sucesso? **ALAVANQUE**

8. Permaneça em contato: Qual o seu melhor método para desenvolver uma profunda conexão com os outros? **PRATIQUE**

___
___
___
___
___
___
___
___
___
___
___
___
___
___

9. Desapegue: O que, caso abrisse mão, liberaria uma inundação de generosidade? **DÊ**

Valor de vida, escore de satisfação:

40-50: Parabéns! Você está vivendo uma vida totalmente engajada. Continue a monitorar e investir nas mais valiosas dimensões de sua vida.

25-39: Você está em um território positivo com o seu engajamento. Com alguma atenção regular e sistemática às dimensões de vida mais importantes, você poderá aumentar de modo significativo a sua capacidade de desfrutar uma vida totalmente engajada. FAÇA menos. SEJA mais.

10-24: Você está pouco engajado com a sua vida. Onde pode investir tempo e energia a fim de aumentar a sua satisfação de viver? Que bolas deve deixar cair? FAÇA menos. SEJA mais!

0-9: Você está perigosamente desengajado! Separe um tempo AGORA para rever as dimensões de sua vida. Deixe cair algumas bolas e rapidamente comece a investir nas dimensões que mais importam para você. Você está designado a SER mais. MUITO mais!

Agradecimentos

A Brett, nosso maravilhoso filho, que continua me inspirando e ajudando a viver uma vida focada à medida que envelheço!

A Josh, nosso outro maravilhoso filho, modelo contínuo de uma vida generosa e de espírito livre.

A Mallory, por aceitar ser uma parte "oficial" de nossa família e ser a filha que nunca tive até agora.

Ao grupo de homens de sexta-feira, por serem, durante dez anos, uma igreja semelhante àquela descrita em Atos 2 e fonte inspiradora quinzenal de amor, vida e risadas.

A Kent, pois o seu amor e inspiração iniciaram esta jornada seis anos atrás e você continua a ser um "Modelo do tipo A" de uma vida focada e fiel.

A Jason, fiel a um viver *totalmente engajado* e que me introduziu à maravilhosa e criativa equipe do Freeman-Smith.

A Ramona, por sua iluminadora pergunta que lançou este livro, bem como por sua incrível capacidade de transformar meus rabiscos em uma narrativa maravilhosa.

A Paul, meu querido amigo e incentivador, por me emprestar a afável história de seu pai e por me desafiar a sempre elevar o nível de minha escrita.

A Steve, meu amigo de café e incansável encorajador, por suas orações, profunda fé, histórias e persistente incentivo a este projeto.

A Dave, cujos comentários sem rodeios levaram-me a risadas de tirar o fôlego e cujo divino ensino tem aprofundado a minha fé em doze meses, mais do que nos 25 anos anteriores.

A Joel, que me permitiu testar muitos destes conceitos por anos e cuja amizade tem sido uma notável bênção por quase trinta anos.

A Brad, por me abençoar ao expandir radicalmente a minha perspectiva e prática do que é ser verdadeiramente generoso.

E aos meus pais, por me amarem e me iniciarem na jornada da fé quando eu ainda era um garotinho e por orarem diariamente por mim, até hoje!

Notas

[1] GUINNESS, Os. *O chamado*. São Paulo: Editora Cultura Cristã, 1998. Itálicos acrescentados, 4.

[2] BRONSON, Po. "What Should I Do with My Life?" (O que devo fazer da minha vida?). *Fast Company*, 19 de dezembro de 2007.

[3] Lucas 12.22-24, itálicos acrescentados.

[4] DICKMAN, Robert. "The Four Elements of Every Successful History" (Os quatro elementos de toda história bem-sucedida), http://www.storyatwork.com/documents/4ElementsofStoryBobDickman.pdf.

[5] TIPPETT, Krista. "Rules for Discussing the Meaning of It All" (Regras para discutir o significado de tudo). *WSJ*, 20-21 de novembro de 2010.

[6] McCULLOUGH, David. "April 18, 2005: Knowing History and Knowing Who We Are" (18 de abril de 2005: Conhecendo a história e conhecendo quem nós somos), de uma palestra em 15/02/2005, em Phoenix, Arizona (EUA), no Seminário Nacional de Liderança do Hillsdale College, sobre o tema "American History and America's Future" (História Americana e o Futuro da América), http://www.realclearpolitics.com/Commentary/com-41805 DM.html.

[7] MSNBC.com. "Miracle on the Hudson: All Safe in Jet Crash" (Milagre no Hudson: Todos salvos em acidente aéreo). 15 de janeiro de 2009, http:www.msnbc.msn.com/id/2867869/ns/usnews-life/.

[8] ZASLOW, Jeffrey. "What We Can Learn from Sully's Journey" (O que podemos aprender com a jornada de Sully). *The Wall Street Journal*, 14 de outubro de 2009, http://online.wsj.com/article/SB10001424052748703790404574469160016077466.html.

[9] "Discovering Your Authentic Leadership" (Descobrindo a sua liderança autêntica). *Harvard Business Review*, fevereiro de 2007.

[10] Lucas 16.10-14.

[11] ORTBERG, John. "Tiger and the Good Life" (Tigre e a vida boa). LeadershipJournal.net, www.ChristianityToday.com, 14 de dezembro de 2009, http://www.christianitytoday.com/le/currenttrendscolumns/leadershipweekly/tigerandthegoodlife.html.

[12] GUTH, William; TAGIURI, Renato. "Personal Values and Corporate Strategy" (Valores pessoais e estratégia corporativa). *Harvard Business Review*, setembro/outubro de 1965.

[13] LEIDER, Richard. "Go To Hell Money" (Vai para o inferno,

dinheiro). *Fast Company*, abril de 2000. Itálico acrescentado.

[14] WOODMARK, Alice.

[15] ORTBERG, John. "Ministry and FTT" (Ministério e FTT). LeadershipJournal.net, postado em 06 de setembro de 2008, www.ChristianityToday.com, http://www.christianitytoday.com/le/currenttrendscolumns/leadershipweekly/cln80609.html.

[16] BRONSON, Po. *O que devo fazer da minha vida?* Rio de Janeiro: Editora Nova Fronteira, 2004.

[17] DINESEN, Isak. *A fazenda africana*. São Paulo: Cosac & Naify, 1937.

[18] Gálatas 6.4-5.

[19] BUECHNER, Frederick. *"Wishful Thinking: A Seeker's ABC" (Pensamento positivo: O ABC daquele que está à procura).* Harper San Francisco, 1993.

[20] São Francisco de Sales (1567-1622).

[21] GODDARD, Jonathan, em "Taking Charge" (Assumindo o controle), The Inventure Group, 93.

[22] 1Reis 3.5 (NVI), itálico acrescentado.

[23] 1Reis 3.9, itálico acrescentado.

[24] ORTBERG, John. *Eu*: sendo quem eu quero ser. São Paulo: Editora Vida, 2011.

[25] Para mais informações, http://www.onedayswages.org.

[26] BATTERSON, Mark. "Don't Take Yes for an Answer" (Não aceite sim como resposta), de *Primal: A Quest for the Lost Soul of Christianity* (Primitivo: Buscando a alma perdida do cristianismo). The Waterbrook Multnomah Publishing Group, 2009.

[27] TEBBE, Matt. "Seeing the Water" (Vendo a água). LeadershipJournal.net, postado em 10 de abril de 2010, www.christianitytoday.com, http://www.christianitytoday.com/le/currenttrendscolumns/bookreviews/seeingwater.html.

[28] SCHMUTTERER, Martin. "This is your brain… This is your brain on the Internet" (Este é o seu cérebro… Este é o seu cérebro na Internet). *Star Tribune* (Mineápolis, Minnesota (EUA)), 27 de junho de 2010, http://www.startribune.com/entertainment/books/97182029.html.

[29] ROSEN, Christine. "Can You Finish This Story without Being Interrupted?" (Consegue terminar esta história sem ser interrompido?). thestar.com, postado em 02 de julho de 2008, http://www.thestar.com/living/article/452322.

[30] *Wall Street Journal*, 12 de setembro de 2006.

[31] PATTISON, Kermit. "Worker, Interrupted: The Cost of Task Switching" (Trabalhador, interrompido: O custo da troca de tarefas). *Fast Company*, 28 de julho de 2008, http://www.fastcompany.com/articles/2008/07/interview-gloria-mark.html.

[32] COVENTRY, Martha. "Slow Down Your Life" (Desacelere a sua vida).

[33] FOSTER, Richard J. *A liberdade da simplicidade:* Encontrando harmonia num mundo complexo. São Paulo: Editora Vida, 2008.

[34] FOSTER, Richard J. *Celebração da disciplina:* O caminho do crescimento espiritual. São Paulo: Editora Vida, 1983.

[35] CONROY, Pat. *A última temporada*. Rio de Janeiro: Editora Record, 2005.

[36] BATTERSON, Mark. *Don't Take Yes for an Answer* (Não aceite sim como resposta).

[37] SARASOHN, Sara. "The Right Way to Fail" (O jeito certo de errar). Revista *Experience Life*, janeiro/fevereiro de 2010, http://www.experiencelifemag.com/issues/january-february-2010/life-wisdom/the-right-wayto-fail.php.

[38] Êxodo 33.7-8, 11 (NVI), itálico acrescentado pelo autor.

[39] FOSTER, Richard J. *Celebração da disciplina*, xiii.
[40] FOSTER, Richard J. *Celebração da disciplina*, 13.

[41] Deuteronômio 8.7-9, 17-18.
[42] Henry Emerson Fosdick (1878-1969).

[43] Obituário, Paul Newman. *The Economist*, 4 de outubro de 2008.

[44] Universidade Columbia.

SOBRE O AUTOR

John Busacker é o presidente da INVENTURE, uma firma global de consultoria em liderança, fundador da Life-Worth, LLC, pioneira no aconselhamento financeiro holístico. É membro da Duke Corporate Education Global Learning Resource Network e está na faculdade do Centro de Desenvolvimento Executivo da Carlson School, Universidade de Minnesota (EUA).

Suas viagens o têm levado a todos os continentes para trabalhar com organizações importantes como Medtronic, CJ Corporation da Coreia do Sul, Ameriprise, PricewaterhouseCoopers, Good Samaritan Foundation, Thrivent Financial, Mayo Clinic, Boston Children's Hospital Trust, Programa para o Desenvolvimento da Liderança Mohammed bin Rashid, Calvert Investments e a Pastoral Leadership Institute International.

Em 2009, Busacker lançou o seu primeiro livro, *8 Questions God Can't Answer* (8 perguntas que Deus não pode responder), que revela o profundo poder das questões atemporais de Jesus. Anualmente, ele ensina em uma variedade de comunidades de fé emergentes e atende às necessidades de desenvolvimento dos líderes indígenas, por meio da PLI International.

John Busacker é autor do *Life-Based Financial Planning*™, um sistema de ponta para alinhar finanças, valores de vida e propósito pessoal, bem como arquitetou o *STEWARDshift*™, um guia inovador para um viver generoso. Como comentarista das questões sobre vida e trabalho, ele tem escrito algumas vezes para periódicos como *The Wall Street Journal*, *Los Angeles Times*, *Minneapolis Star Tribune*, *Research* e *Experience Life*, além de ser constantemente citado por tais publicações.

Além disso, o autor é um explorador ávido, um maratonista ocasional e um ciclista principiante. Ele e sua esposa, Carol, vivem em Mineápolis e têm dois filhos adultos, Brett e Joshua.

dolessandbemore.com | www.inventuregroup.com

O QUE AS PESSOAS ESTÃO DIZENDO SOBRE
Faça menos, seja mais:

John Busacker entremeia histórias pessoais e inspiradoras com princípios práticos de sucesso, dando esperança e coragem ao leitor na busca por esses valores. ***Faça menos, seja mais*** é um poderoso chamado a uma vida mais focada e generosa, que faz diferença.

— JONATHAN T. M. RECKFORD, *CEO da Habitat for Humanity, entidade humanitária internacional dedicada, entre outras atividades sociais, à construção de moradias para populações pobres*

Dentro de cada um de nós, há uma história de vida única, que deve ser contada. Vamos aceitar o papel principal de nossa própria vida ou agiremos como meros coadjuvantes? A resposta está no foco. ***Faça menos, seja mais*** oferece um roteiro transformador para qualquer um que esteja em busca de seu próprio potencial.

— JAY BENNETT, *vice-presidente da National Christian Foundation, organização que presta consultoria de otimização e direcionamento de recursos destinados a obras humanitárias*

Esta é a mensagem certa para nosso tempo. Em qualquer lugar do mundo aonde quer que eu vá, vejo os resultados da desconexão: líderes lideram sem paixão e empregados lutam para definir uma racionalidade real para tantos excessos. A mensagem de John é cristalina e sua história oferece exemplos de escolhas que podemos fazer para tornar nossa vida mais rica, produtiva e significativa.

— Peter Gerend, *diretor regional da Duke Corporate Education, entidade de aprendizagem executiva e desenvolvimento acadêmico*

A elegância simples de **Faça menos, seja mais** tem me ensinado que o suficiente é tão bom quanto um banquete.

— Philip Styrlund, *CEO do Summit Group, agência especializada em consultoria, auditoria e treinamento em gestão*

Ser aprisionado na teia do "fazer'" pode nos desorientar e nos privar de descobrir uma satisfação mais profunda e duradoura, em que pese os nossos melhores esforços e intenções. O livro de John Busacker é um guia para sair deste redemoinho de atividades automáticas e nos levar à estimulante claridade de uma vida focada.

— Bob Mann, *ex-vice-presidente da Cargill Ferrous International*

Este compassivo e sábio livro é alicerçado em novas e sedutoras maneiras de superar a nossa síndrome da pressa. Ele se apresenta repleto de práticas atraentes para resgatar a boa vida — para o bem.

— Richard Leider, *treinador de executivos, palestrante e autor best-seller de livros como* **O poder do propósito**

Neste mundo desgastado pelo tempo, que compra a mentirosa noção de que quanto mais ocupado, melhor, John Busacker oferece um chamado contracultural para "deixar cair a bola" e reivindicar sua singularidade e seu tempo, tornando-se totalmente engajado na vida única que você poderá desfrutar.

— Dr. Mike Gibson, *pastor sênior da Christian Lutheran Church and School, em Costa Mesa, na Califórnia (EUA)*

Por que estou aqui? Mergulhe profundamente em **Faça menos, seja mais** e as respostas vão surgir. Você pode viver uma vida inspirada, dotada de significado e propósito. O que mais você poderia pedir?

— David McNally, *CEO da TransForm Corporation e escritor, autor do livro* **Até as águias precisam de um empurrão**

Viver *totalmente* engajado é muito mais uma arte do que uma ciência e John possui um talento único para embasar isso, por meio de uma consciência simples e, ao mesmo tempo, profunda, bem como com práticas que literalmente transformam o modo como vivemos. **Faça menos, seja mais** tem me ajudado a ir além da superfície das coisas, a fim de descobrir maior significado e satisfação mais profunda em meu viver diário.

— Kristin Evenson, *diretora administrativa da Nonprofit Solutions, corporação especializada na prestação de serviços que permite a organizações sem fins lucrativos e pequenas empresas concentrarem-se nas suas atividades-fim*

Alívio e esperança são duas das emoções que senti ao refletir seriamente nas palavras deste livro. Mais não nos leva a uma vida mais plena, porém apenas a uma vida mais cheia. Estas verdade parece tão óbvia, mas, com frequência, acabo por esquecê-la. Muito obrigado, John, por chamar a minha atenção e me ajudar a adotar alguns passos rumo a um viver mais claro, simples e significativo!

— Dr. Scott Rische, *diretor-executivo da PLI International, grupo especializado em logística e distribuição*

Comprometemo-nos a desenvolver *cada vez mais* membros e empregados totalmente engajados com ações de sucesso fundamentais. E que diferença isso tem feito! A sabedoria direta e o discernimento de John, expressos em sua obra **Faça menos, seja mais**, têm nos guiado e inspirado a permanecer no importante trilho de "ser mais".

— Brad L. Hewitt, *presidente e CEO da Thrivent Financial, organização cristã que presta serviços auxiliando pessoas e corporações a gerir seus recursos de maneira mais proveitosa*

John tem "suavizado a alma" de nossa organização com seus princípios sobre uma vida focada. O resultado tem sido um crescimento explosivo, com um profundo senso de propósito e satisfação.

— Joel A. Johnson, *sócio-gerente da Thrivent Financial*

Faça menos, seja mais acerta o alvo de auxiliar pessoas a navegar com sucesso no, cada vez mais complexo, mundo em que vivemos. Tenho descoberto que isso tem um incrível retorno de investimento, para indivíduos e organizações que desejam se tornar tudo o que podem ser.

— Jim Leighton, *presidente da empresa de alimentação Perdue Foods, escritor e fundador do Movimento Get FIT, de nutrição esportiva*